明清科考墨卷集

第十四冊

卷四十 卷四十一 卷四十二

林祖藻 主編

LITERARY TIMES
蘭臺出版社

第十四冊　卷四十

求善賈而沽諸子曰沽之哉

數文　沈叔眉少潭

愛王者更計及於沽、聖人甫聞而即決焉、夫子貢豈欲求善賈者、乃繼藏而思沽、其愛王之有當於聖心也。夫子聞之、能無即矢一沽之說乎。且天下有同此命意、同此立說、而或以轉念思之、而更易一辭、或以初念決之、而先置一語、是以同而實不同也。義斯世可寶之物、必不可以自炫、此賢者急於售、熟計焉、而所見非聖人、仍其說矣。口焉、而片言已決、如韞匵而藏、子貢之先為美玉計者、亦甚重此玉矣。雖然、匹夫無罪、懷璧其罪、轉而計之、玉似有不可不沽之者、則奚必商所以沽之、且出於求善賈耶。王人不世出

（恰如題位、一無不溢）

誰為賞識之真子貢蓋深為美玉惜矣今將易一計焉意者其沽
也耶然賈苟廉焉沽也是不如其藏也而求之念起世路不逢迎（論、求、字、得、解）
妄望珍奇之售子貢蓋深為美玉計矣今將熟為籌焉意其善
賈而沽也耶然賈苟吝焉沽也而不能不韞也而求善賈　說進
（起○承○題○答）悠悠千古議論誰公美玉而長此韜光則欲沽而終不沽也有心（本○神○搖○曳）
人每感慨係之賜之說將抱璞以獻乎易膠固而為變通之計倘
亦婉轉思之而不妨降心也夫固躊躇而未決矣落落天涯知己
最貴美玉而或期見賞則欲沽而誠可沽也豈於此而珍惜視之
賜之意將令玉自招乎易緘縢而為逢世之謀倘亦聲價高者所

追期顧盼也夫固一閒而即決矣子曰沽之不已片言而定計哉夫有玉而不忍不沽者聖人示天下以仁使一念之未決將意在於沽意或不僅在於沽而涉焉而非一定矣子曰賜今者無庸遲疑也吾蓋一涉想而專在沽矣且有玉而不敢不沽者聖人示天下以公使兩說之未判將求賈而沽或不必求賈而沽商度焉殊難立判矣子曰賜今者已圖更轍也吾蓋一入耳而決於□矣要之子貢之商此美玉也意尚存乎兩可而夫子之處此美玉也理惟歸於一是聖賢之分量見之乎論玉矣

何瀟剔不一句沾之哉字清絕妙

五第二句之神

重規疊矩筆有餘妍　原評

粤西治主院會課

融洽分明恰如題位　瀧笠湖

求善

求善賈而沽諸

劉雲漢

再設為美玉計者有沽之一説焉夫沽則必須善賈而善賈恐非不求而得也子貢之設為美玉計者又如此其意曰吾不敢執一説以處美玉也夫玉也以其有用也而美之乃以其無用也而置之乎雖什襲以藏之猶之乎置之也夫然則賜也竊更端以請焉夫蓄之于家徒自觀之而世頗勿貴也以為是雖美好無與于我也一旦公之于世而不稍衒焉則莫不欲得之以歸而風塵之中各自詡其賞識且私之于己雖自珍之而世亦不信也以為是其瑕瑜皆不可知也一旦標之于世而見為奇焉則莫不欲握之以去而某氏之璧遂名

于人間賜為玉計其韞沽乎賜為沽計其韞求乎沽則必讎其直物
之多者其直少物之少者其直多而美玉則尚當稱其直也是故待
（此○其大○少○齊○賤者○○○○貴○貴○少○類○非○欲○）
乎而來者不過嘆息而去即稍有所挾者亦不敢輕出之口也夫豈
（○求○善○賈○沽○然○無○求○之○貴○其○法）
獨無善賈乎毋乃求之未至也沽則必觀其時物有非其時者時所
（○從○出○脫○討○面○翻○）
賤物有當其時者時所貴而美玉則自宜貴于時也是故有不甞之
（○來○見○美○玉○自○須○善○賈○）
息者必取不甞之償即稍有所靡焉亦不肯濺出之懷也夫豈不欲
（○漸○入○過○葉○求○字十○）
善賈而沽乎奈何求之勿亟也蓋吾愛玉而人亦愛賈吾之玉尚欲
捐以予人而彼之賈偏欲齎之于已非求而玉雖美將何時得沽乎
人即不愛賈而來必不愛善賈吾方不滿志而欲則以為已過其情

吾方拒其請而彼則相率望望而去非求而玉雖美將何人能沽乎
二股從美玉說求字上一上文當作人出世之流
且世俗偽者易傳而真者莫知碔砆之似每亂以美而璞之所淆賤
雖亦是說題之下一行而不說何故不待說漢相瑞本
愛玩以為奇及良玉當前而猶盻嘗不一及是故權一時之宜而不
琴絃盛韵過聽春俗
姑勢人之請而視之也處于庸耳俗目之間而稍露其光華使待善
賈而前者亦知所決擇焉不然則被褐懷之而已而孰愈乎抑流俗
人以藏及璞恰應求字二句
習見者以為常而乍見者以為怪市肆之所鬻者以善賈讎之而共
知共見而無所疑至于良玉在璞即韞櫝賤售而不敢決是故俛就
層累俱以情為淨好
一時之情而不妨深以相期也雖不至自衒自媒之汚而猶親其
蹤跡使聞其玉而來者亦知其端倪焉不然則草莽委之而已而庸

僉乎一夫子必有以處之矣

題中求字雖低然意重在善賈而沽在聖門言語之科者其出語完別故意俗已不稱韻俗尤不可近也大借題寄興然後二股語意甚嫩氣息甚恬不無抑塞身分自在

劉

吾他日未　馳馬

蘭藻集　貝信三

追述發學之由、徵所好而先誤焉夫學也問也與馳馬正相反
也觀滕世子於他日所好不已先誤乎想其謂然友曰從來往
而不返者日也為之不厭者學也此亦何敢戲豫馳驅哉無如
生維曩昔徒然坐桑居諸而自悔荒淫不免寄情游獵則歎歲
月如流覺樂此不疲者僕夫殊已況痒衛吾向者青宮監國
未能馳譽鄰封而白馬從軍何暇眈心藝圃幾笑軍旅之事則
嘗聞之矣俎豆之事則未之學也吾蓋言念他日而慨然乎古
之人學為父子焉學為君臣焉五倫中學有盡境乎而吾於他
日則所好不存也任馬齒之加長而游於藝者曾未嘗志於道

也聖域賢關吾直屏居門外焉爾古之人問禮老聃問官郯子焉籍中問孰無遺乎而他日之吾則別有所好也痛馬鬣之將抹而出必告者曾未嘗聽必恭也耳提面命吾幾心如茅塞焉爾學也問也皆吾所求經閱歷者也獨是性情所託必有專家而饔飧所留胡容隱諱吾不好學吾豈絕無所好乎吾不好問吾豈僅有所好乎竊嘗返躬自審覺詩書中無吾鄉原中未始無吾也吾所疎者師保疑丞吾所親者圉人廄卒也蓋好不一端而可首數者則惟馳馬非不知六轡如琴六轡如濡善馭馬者亦足備學問之助顧歟好在驪則磬控縱送未必追蹤良御耳見獵者心喜矣入深林而馬首是瞻徒誇牝牡驪黄之選非不知有駰有騢有驔有魚富蓄馬者豈盡虧學問之功顧

載馳是好。則匪㥶伊教要難娩美曾侯耳。揚鞭者得意矣。陟高岡而馬瘏矣。慨空負渥洼大宛之良。苟非好之不正。吾於他日何至未嘗學問乎。豈知圖治之功。不能得之馬上者。旋又去而學劍也。父兄百官。至今日而以過規吾。惜已晚矣。

輕逸之筆。着紙欲飛。剪裁之功勝也

吾何畏彼哉

雋快集　金繼聲

不以畏自阻彼吾無殊也夫吾而畏彼必彼丈夫而吾非丈夫則可不然何畏之有且人患無所畏也尤患其多所畏無所畏則以聖賢為可侮而肆行無忌多所畏則以聖賢為莫及而暴棄自甘畏有畏之故畏必有畏之緣求其故而不能究其緣而不得而勇者不見其快怯者亦見為勇矣彼丈夫我丈夫同一丈夫也彼未嘗畏我而曰吾畏彼乎哉畏則彼為丈夫我不為丈夫而後可不知彼無所學也吾亦無所悔吾與彼原有對待之形畏則我之丈夫不如彼之丈夫而後可不知彼不見重吾亦不見輕吾與彼初無短長之別而如其畏也則必彼

之心思較吾加多吾之心思較彼加少乃不得不存退卻之思
而如其畏也則必彼之才智大勝於吾吾之才智不若於彼乃
不能不深謙讓之意而如其畏也則必功能中止有彼一人而
不許我之相抗也吾於是有不得不畏之勢而如其畏也尤必
學問中止有彼一人而不許我之共知也吾於是有不容不畏
之情而不然者吾之心思未嘗少於彼也吾之才智未嘗損於
彼也且功能中既有彼未必無吾也學問中雖有彼更不妨有
吾也試以彼質之於吾以吾質之於彼彼固不畏吾也而謂吾
之畏彼也何哉彼之功業何其大彼之德行何其宏一言彼而
人已瞿然驚無他畏之妙也而吾以為無庸也天之予彼若非
獨優人之予吾者非獨絀既無優絀而何怯焉詣之純者孰如

彼品之高者孰如彼。一言彼而人已皇然遜無他畏之故也。而
吾以爲不必也。以彼絜我而非有所增。以吾例彼而何嘗有損
既無增損而何懼焉。成覸之言如此。

一往清快如哀家梨如并州剪
思緒層出如湧源泉筆路英爽如掃落葉

吾何畏彼哉　有為者　館課一名　萬錕

聖賢為畏也可勿為有為者計矣蓋聖賢不必表以同此
丈夫即同此人耳此繼成覸而有言者獨思夫有為者賤且天
下之自怯其心者皆不能自堅其力者也知其心之不必怯則
聖凡無異精心更策以銳必知其力之當自堅則品量難誣勇
力尤加以毅力必惕惕然視聖功為不可及視聖道為不易幾
即為自位置者而一覸其材力否也何以言彼丈夫我丈
哉誠以彼為人中之丈夫而為舜之徒我未必不為人中之
丈夫而為蹠之徒也成覸殆欲其君之大有為於天下耳故私
以吾何畏彼之說進也聞善言者惟吾凡善行者惟吾之所

我之遠過乎人而特訝彼之何以偶絕於人也彼能為所制我
不能何於後是下之矣下斯畏矣擅置聽者非吾立人極者非
吾吾非謂彼之與我同而特訝我之何以與彼異也彼既為聖
人我不免為鄉人是弱之矣弱斯畏矣然而吾何畏彼哉使其
畏也則必以彼為其逸而吾為其勞也而彼果何人也使其畏
也則必以彼為其安而吾為其勉也而吾又何人也吾不必至
明至健而不畏其苦為之方負命不凡吾未必乃聖乃神而不
畏其難為之倫仍待不淮何也堯舜與人同耳彼為之見為優
我為之豈必見為絀乎畏者必不為不為者又何畏此舜何人予
何人之說顏淵特思夫有為者歟人生貴立志耳帆而用中之
學或疑舜美於前人而有為者曰吾快也此吾往也彼為其

所難為而導我以先路我為其所當為而步彼之後塵皆一內返焉應信予之自有分量也奮然若其氣凝然若其志冲然著其神有為者蓋早深其向往師豪傑貴奮興耳踐形盡性之功來易追蹤乎往聖而有為者曰吾退也乎哉吾進也彼之性非有餘而為在天載我之性非不足而為在人功蓋一深察焉應懋予之同此誕降也有開必先而受以夬強立不遜而受以漸餘勇可賈而受以恆有為者殆力矣其仔肩甯其有為也又何嘗逡巡畏縮以併為難及哉亦若是而已

以清空之筆寫雄快之思光芒萬丈正如豐城劍氣上燭層霄

吾甚恐

康熙己丑 史隨

恐齊之偪者其情愈迫矣夫滕固以國小為恐者也見齊將築薛乎其恐之甚也固宜意謂吾自承先君之遺緒固無日不在憂懼中也然惟一二小邦與為唇齒相依吾心猶可少慰詎意泱泱大國一旦實偪處此以與我爭此土豈不覩齊人之將築薛乎夫薛而無異于薛之小滕既知亡矣然猶曰敝國以鄒遠吾知其難也怵惕雖深尚可苟延夫旦夕之抑滕而無殊于薛之弱滕終不臘矣然猶曰勇夫重閉猶可以國也憂危雖切未必自我而共之而今然矣薛滕之表也薛亡滕必從亡吾何得而不恐蓋就從前而論

鄰于薛者吾也今則鄰于齊者吾矣就往日而言先吾恐者薛也（頓吾字）今則代薛恐者吾矣目中雖未覩蹤蹟之絛而蹤蹟之絛即在須臾耳中雖未聞鉦鼓之聲而鉦鼓之聲行將立至時值維支之候不必智者而禍敗可決況吾之料敵已深勢處剝膚之災非親受者亦為寒心況吾也身居局內一因有解吾之恐者曰君長者也齊不措意夫滕何異于薛將薛是滅何愛于滕又同齊大國也滕不足貪夫齊何厭之有若不闕滕將焉取之（用成語已出）吾用是惴惴焉念當年勵精為國亦思轉弱為強至于今求其僅止于弱而亦不可得矣（迴顧緊薛）繫頸以組告成于廟旦暮間果覩高城之在望能無觸目而驚心

又念當作竭力圖存不過以小事大至於今求其終身事人而亦不可得矣欲加之罪何患無辭借端易耳念擊柝之相聞能不懸焉其如擠已矣向特憂今茲恐矣向亦恐今特甚矣向也諱言恐而亡即隨之今也滕將亡而恐亦無幾時矣吾之不肖身為人俘誠不足惜其如卜正之封何夫子明以教我

（跳脱）（筆妙如環）

一層深一層一步緊一步膽裂之情股戰之色一一逼肖添毫點睛不足擬其神妙也　沈鏡源

此種題一着呆筆題氣題神便不出矣文妙在層層用意步步撥逼字字從文公心驚胆戰中傳出故絕不粘煞而無非此題

神氣自是必傳之作　江翰[illegible]

吾甚懇　果

吾聞出於幽谷　頌曰　　貫珠集　李振山

昧雅詩之教者即為之述魯頌焉夫出幽谷遷喬木詩言至顯
也反是者不可與言詩矣然孟子猶欲證以所聞也故為之述
魯頌歟且士林之盛也宣幽導滯蔚為楨幹之材此頌聲所由
作乎乃士品日卑歧途日甚於求友嚶鳴之詠尚不解其所謂
更何論乎其餘豈知詩教貴旁通即宗國之播為樂章者其辭
猶昭然可頌也吾謂子之倍師異於曾子夫曾子者九經而為
魯需冰淵自全其節曳縰而歌商頌金石不輟其聲彼固倚孔
子如梁木也而如子者不特異乎曾子並異乎吾所聞矣吾聞
諸伐木之詩曰出自幽谷遷于喬木良以喬木為高明之域幽

谷為卑闇之區。喻擇交者之不可不慎也。朋友如此。師弟可知。

且不第是詩為然也。鳩之在桑。吾聞諸曹風矣。雖之集杞。吾聞諸小雅矣。若乃非所下而下。非所入而入焉。豈不知周易之象有曰。入於幽谷。幽不明耶。抑豈以喬木不可休息而誤會周南之旨耶。何居乎吾未之前聞也。此與爰居之止。鸜鵒之巢。紀異聞於魯史者。將毋同然。則下喬木入幽谷者。其不可與言詩也明矣。且夫詩之垂訓。豈一端而已哉。昔孔子誦緜蠻之詩。而誨人以知止。其時之得所止者。類皆克自振拔。來游杏壇。故雖巖谷之士。彬彬乎有鄒魯風焉。時至今日。園有檀而鶴鳴已杳。誰賡攻錯之章。岡有桐而鳳翔云遙。難和卷阿之什。況倍師如子既不能如北林之[illegible]　濟美於秦風。更不能為西雛之飛揚。麻於

周頌是并不如翩彼飛鴞集於泮林猶爲魯頌所嘉許也則試與予讀魯頌之詞曰夫々頌何爲而作乎明堂賜樂天子所以酬廟清廟升歌奚斯於是述德說者謂閟宮之篇實與泮水之詩相表裏焉其山岳則有泰山之崇龜蒙鳧繹之廣豈幽谷比耶其林木則有徂徠之松新甫之柏所謂喬木非耶於是采芹采藻之秀望鸞旂之茷茷聆鷺鼓之咽咽俎豆衣冠昌明六藝管絃干戚昭示來茲猗歟盛哉中夏之規模固有如是其震耀耳目者子殆未之聞耶而吾所聞可約而舉也其辭曰戎狄是膺荊舒是懲何其嚴歟下喬木入幽谷者聞斯語也其亦悚然矣。

吾聞出於幽谷　之學　綠香山館　來鴻瑨

擇術者不如擇木可述曾頌而貶其學焉夫出幽谷而遷喬木與下喬木入幽谷者異矣進述曾頌相何即所膺者而學之誠今夫抉擇精而後防守嚴防守嚴而後吾身之學得所準自夫舍下而就高爲鳥知所擇而爲人益當知所擇矣屛夷以正夏古人峻其防而今人益當峻其防矣奈何昧焉相從殊不審高下之宜與夏夷之别令人訝其學異其學嘆息痛恨於其學而爲之衡量而不能置子之異於曾子而倍師而學子不知子之所師戎狄也荆舒也人方膺之不暇而子學之也是何異下喬木乎是何異下喬木而入幽谷乎子不知學盍觀夫鳥其度勢

揆幾實深察夫高卑之勢而擇地而蹈必輾轉焉以得其步趨
不肯誤入歧途以飛集失依回之準其去此適彼早明决夫行
止之宜而遷地為良必審顧焉以端其定向不肯狎依下隰以
苟且遷去就之機出幽谷而遷喬木吾聞之矣下喬木而入幽
谷蓋未聞之也子之所學喬木乎抑幽谷乎今夫當守者正也
當辨者邪也當奉行者聲明文物之邦也當屏示者僻陋蠻荒
之俗也當夫蠻夷服上世明刑稽古猶詳舜典荆楚重中宗撻
伐刪詩特紀湯孫推之獫狁不可厭戎淩競於西封牛馬不相
連重討征於南海從未有見戎狄荆舒而不膺之懲之者也從
未有見戎狄荆舒而不膺之懲之而反學之者也子奈何不察
魯頌之詩而以周公所膺者竟漫焉學之者乎聖教昌明數百

年矣藉有學焉者以作夫干城則邪說之橫行漸息不謂子即以是而學之也膺之者黜逐有必嚴方待去腹心之害學之者依歸有獨奉轉以張羽翼之為出此入彼之謀一若是非子而無以助其成即子非是而無以得其範也無端之依附在子已敬佩焉而降格相從異說紛騰非一日矣非有學之者以張其氣燄則異端之為禍旋消不謂子即以是為學也膺之者警南風之競方期扶正道而特寄藩籬學之者欽北面之尊且將感羣愚而適滋簧鼓見異思遷之舉一若是藉子以壯其勢而子亦藉是以得所歸也無謂之追從在子已將深倚焉而傾心相就子之所學是猶下喬木而入幽谷者也子何不善變耶

聞夷子墨者　小題約選　周　書

為墨者核其寔正定其為異學中人也夫夷子之為墨者徐子亦不知之孟子若云朙焉殆欲即其名以核其寔歟若謂乃人生平之矢願明明言意所獨注之一途而後持論者可聞其品而想見其為人蓋自百氏爭鳴始則各行一是究則各成一家耳其名以得其寔與相推相奉有別之他氏而不能者如吾所聞墨者夷子是不一則道不見我固將見夷子而直之矣然子亦知夷子之為夷乎固何如者乎子而無所表見也者則淵源莫溯幾等諸不知誰何之人而夷子初不肯泯泯焉自安於夷子也使夷子而無所短長也者則學術難明亦豈諸存

而不論之列而夷下方且欲詡詡然自命為夷子也今夫世之
所競言者非墨者哉假令夷子而非墨者則別而白之夷子自
夷子墨者自墨者也假令墨者而非夷子則分而言之墨者適
成為墨者夷子獨成為夷子也而特異乎吾所闢也設一墨者
之名於當世亦懸而無薄也引而歸之於夷子則其詣非游移
莫定矣夫來者不拒何必有分門別户之嫌吾子之意中或已
忘其為墨者顧既學為墨矣子必謂之非墨在夷子必且憮然
怒曰吾之為墨者固學施籍籍者也而胡弗闢也懸一夷子之
名於當世亦虛而罔據也指而目之墨者則其業固且亂
詳矣夫專門名家當得存立異鳴高之見夷子之意中或不自
於為墨者顧業成為墨而吾必謂為非墨在吾子當亦詡然疑

吾聞夷子墨者　周　書

曰夷子之為墨者固名譽昭昭者也而竟罔聞也然而吾極不忘夷子矣其或唯恐人聞而銷聲滅迹行事不著於兩閒亦孰知其為墨者而何以世之慕為墨者景仰者唯夷子則傚者唯夷子是墨者不唯夷子獨而夷子竟以墨者鳴也而吾安得不重思夫夷子墨者多矣而吾更樂道夷子矣其或傳聞異詞入主出如趨向不歸於一致豈得專謂為墨者而何以世之論夷子者一人稱之曰墨者眾人和之亦曰墨者是夷子不因墨者輕而墨者轉因夷子重也而吾安得不切桉夫夷子墨者夷子而既為墨者則其治喪也宜從墨者之道也而何以推其厚不推其薄也

吾聞君子不黨　　李若愚

以不黨律君子亦持論者之概也夫不黨誠君子而要不可概律者司敗之議是也其意非也今夫是非者一世之關鑰也是非不明名實之所以淆亂議論之所以倒置盡是之由夫何故大率人好私其所偏而有識者之矯而為黨也吾聞之君子殊不其然夫君子處一事議一人甚不輕矣單詞而洩百世之說片語而掛千古之誤當則為冰鑒賢者敢乎為不當則為阿黨不肖者借資焉天下事不必其人與名合也或有跡肖而實非者或有聲是而實謬者君子寧滑隨流俗之聽熒而妄附和附和之跡其黨而為亂之器也何者名可襲器不可假人也天下事不必其禮與俗當也或為物侶小而予義甚杞者或象說雖久而

晴楠　思同姓二語

晴楠　略公

于心甚誣者君子寧得假一時之口語而互為波靡波靡之惡其黨而流傳之端也何者俗可違當必不可以訓也況乎耳目易塗而人心雜歟膚愚可惑而綱常雜糅叢疵令卑遠近之所公見豈其宿謂賢者而有未知知之而類為兩護姘者倍矣君子不為也班諸行人道路之所共禧賞其主人本朝而反弗聞之而重為捷覆罪尤倍矣君子不為矣是故道之所在忠臣不私其君孝子不私其親奉君以天道雖臣子不敢辭情不勝公也法之所在或眾名而不得或欲蓋而彌彰定塗賤子經也雖私暱不能贊私不掩義也柰何輒為君相而自相剌謬也謂讒之不清野論之不明皆不講於不黨之說者也

句一不一字一開

守守切治心一事不從作明黨論此為正眼

吾聞君子不黨　其二　　李若愚

君子者、公議之所歸也、夫君子以其言為世觀也者、則唯公是持、而且得有黨乎哉、嘗謂臧否者口也。是非者心也。臧否明于身後。是非俟于論定。吾聞春秋之稱也微而顯。將公一議。請以君子折衷之。何者、群囂之所歸。公論之所去也。小愛之所怙。大義之所滅也。是以君子之論人也。稱諸朝廷。稱諸異邦人。無讒慝焉。質之士大夫。又質之匹夫。無阿黨焉。盟會則有訓詞。言之不順。行之不遠。毋寧令諸侯之屬。傳其謚言。而以為四國口實也者。君子以空言扶世運。即片語可以植綱常。豈其猶兆入是非間也。不然也。嘉禮則有好合。綢繆之位。主忒之名。毋寧令萬世之下。蒙其醜惡。而以為士林嗤鄙也者。君子以砥柱抑群沸。即單詞

同書　己未　上論　述而

選集局

是以正人心也。豈其徺營、愛憎中也。不然也。事出宮府。無翼而飛。無脛
而走。一行矯舉。嘖有煩言。是以周禮嚴于簡書。一畫失數矣。則視史蓋以
為鄉。語涉大體。言室滿室。言堂滿堂。一字僭嫚。後有諱韓。是以口誅凜
如筆罰。含垢匿瑕。則遠人恥出其途。夫流品決于折衷。詭言止于智者。
狂夫闕說。尚能卻千衆之議。矧其掌天下之辨。不至以汶汶而破義斷
可知矣。小物假人。猶或動聖哲之惜。況夫持千古之祟。必不以悠悠而
奪情。又可知矣。此不黨之衡也。而孰意其有不然者哉。
禨首義更為嚴簡有風霜之色。

吾聞君子不黨

羅萬藻

時官所推於君子不知其有深焉者也夫不黨自君子之常顧其
用意與焉有之矣豈真有黨之君子乎其意以為黨之為害豈不
甚哉一人云然百人信之千人不可解矣夫事有係先王之經郎
（〇中〇為〇下〇亦學〇作〇觀〇折〇入〇本〇位〇醇〇之〇狀〇如〇暗）
浮游之口卒歸無用然固非所期於君子耳吾聞君子者豈真有
不抉之微顯而以黜自異乎哉抑豈真有孤立之是非而以身為
（〇原評黨只在〇言論上說〇〇此〇對〇當〇時〇衆〇論〇言〇）
晞乎哉浮言之行也必有衆起夫衆者君子之所善用也以取衆
（〇此〇就〇兩〇時〇閒〇答〇言〇）
為質耳矣公論之始也亦或暫迷夫暫者君子之所慎出也以垂
教為大耳矣所誦習者先王如是而以行其私是以先王行其私

也敢乎哉夫君子載其忠厚潔白之情以斷於今昔之迹故內不誣己之所然外不欺人之所然凡以慎絕於黨而已耳所維挽者萬世如是而以狥其意是以萬世狥其意也恐乎哉夫君子絕於利害禍福之慮以大其是非之義故愛有大而必違惡有甚而必取凡皆趨然於黨而已耳夫論競則衆者勝矣君子不以人為衆而以理之所同然為衆故卑論儕俗鮮不浮沉而君子確以據其不易不易者同之大也然則遂有大不同者矣言辨則私者立矣君子不以言為辨而以識之所獨然為辨故影响依附或以衆聲而君子陰以存其不苟不苟者獨之善也然即有善於不同者矣

艾云黨字一新

原評直涵下句

同處見獨獨處見同不黨字乃概櫛得盡

事皆君子之所惜微其事為後世之所寬不如明其事為後世之所戒其惜大人皆君子之所愛私其人而誤之以受過不如公其人而安之以受過其愛深夫悠悠之衆君子所不屑謂其事苟以黨成不計其後焉是故衆人有黨君子無黨其品異也而奈何今之聞非昔之聞哉

如此乃當時黨字今人都諱處朋黨黨錮之黨真堪一笑○字題如此幽果非文止不能　艾千子

逆取亦字鉤勒不字忽能作色正襟而談哉針於窾故自持論不苟

吾聞其語矣　　年□戈濤

聖聞於見後而應非徒語矣夫聞何以屬之見後也快其所見而
亦之斯幾其所聞而後之矣聖人豈樂於聞之而見哉且夫立一
蘇然獨聽之辯而欲得之翕然滿志之下此亦幾幸雖期若也而
適如所與為則耳之所接遂不虛乎耳之所謀大志亦不患無聞
而君今要求可信至於徵與信符而先民有言其然契焉置也豈
之所得見者乃在如不及如探湯者耶觀肴而思自靖之士豈不
以邂逅綢繆之歡適我願也而有隱先偶抒衷豈必予懷蓋亦取
繹昔人之寤歎矣潔身而勸獨行之書豈不以我思古人之實獲

近科房行書菁華　論語下　十　滌花書屋

我心也而相得益彰溯洄依然宛在乃以爾夫此日之嚶歌云吾
聞其語矣堅深確苦之詞古之人所為展轉相求者應亦靈毋寄其
象耳自一接於吾聞而耿耿難忘必欲一覩顏以為快乃所謂覩
矣而遂而質之相屬之端實所謂從善如登云聽者流者一旦變
焉真有味乎其言之也夫極我生俯仰之情是戔戔者奚足當意
而予猶鄭重為講求懷我好音者之未爲絕想耳擬議形容之寄
古之人所為留貽相告者應亦實睹其真耳自一入於吾聞而中
心如結不敢以廉顧為可憑乃所嚮非虛矣而今而後之相縈之
遠覽觀彼書也以鑑臧否及溯者一反證焉真有慨乎其言之也

矣際夫道中衰之日是矯矯者多在吾徒而予猶徃復焉謂此求
矣弗護者之不我遐棄爾且夫天地亦甚遇深而孤芳相賞豈曰
畢之緐甚高論乎末流之修潔為難而寧皎皎以自全無效效以
○一○一○讚○丹○三○賞
苟合彼其於世猶未數數然也則諦者之情為已蹙矣古今殊多
懨懨而降心相從豈曰觀止矣蓋以加乎吾儒之志願徒奢而寧
○更○深○
引之而使近勿抗之而使遠庶其於吾旦暮遇之也則闚者之心
不滋激與此吾之所以瞻顧徬徨而不能不為未見者慨也
針對下節曲折三致乃覺聖人此語有多少神情信手為之此
句首是贅疣耳
紀曉嵐

戈　吾聞其語

吾聞其語　合下節

辛未　湯先甲

譏以人傳未可槩之經世之人也夫古人無慮數也故所見有合焉而求志達道獨非所聞者耶何見之難也且夫聞言而思係人思者非一二端之可槩也執古義以繩人豈必百無一合而追維（不煩繁而自合）繹訓覺古人之所以厚期者良不偶然昔信士之自待非可以輕而欲敢必于身世之交耶亦難矣以予所見誠身之人其自力於（六比承上文）善不善有如此古也有志今何必異于古所云哉古人之學不遺（吾下截）（警發首句用意）於體用而辨別即樹爲風聲故如箴如銘常以浴德澡心早裕吾（此比貼本位擇字含下截）致遠經方之畧古人之論不間乎窮通而闇存其所以善世故是

要是訓常以揚清激濁預備之檢身厲志之中蓋為是語者其意
愈深矣其蘊含富矣若但就其言中之旨繹之即亦非曠世不再
見之功也以吾所見還憶所聞聲實相副有以也夫然吾聞道之
（字次第生下波瀾洞達而要歸自清）（疊用吾聞）
降乎上也平時有興賢育德之方臨事有論辨省成之法故人才
多所成就而蔚然皆三代之英吾聞道之隆于下也席上之珍所
以待聘拜獻之日必有先資故出處皆係蒼生而燦然見名世之
業是以莘野可耕渭濱可釣不徒以清醒激貝身迫夫降于鄉士
（一氣捏出）
義以後車不僅以功名辨其量歸所云隱居以求其志行義以達
其道者誠大有人矣而吾也如未見何哉蓋性命事功古人所併

爲一途者今人每岐而二之究竟士而盜虛聲或得志而於場屋
乃知學術之在人關乎風會而今漸亦易觀也望古遙集空疏先
上識不鈎自制　善薄下尚訟空
民之將論時往復于寤寐之間有含行藏古人所信諸素者今人益
但因而任之或有志而未之逮或有道而莫能行乃知郅治之在
世係乎帝心而時數未可期也懷古情深一溯曩日之傳聞猶麃
幾乎旦暮之遇夫古人之言豈欺我哉而未見其人固難與前之
自然應聲
所聞同日而語矣由是言之聖道本乎誠意誰謂正己非正物之
原而儒術所以經時豈宜獨善而無兼善之量夫帝豈一端而已
亦各有所當也

不必有意為粘連回繞。而題位已入大冶鑪中。有神鳥而無[illegible]

金實是奇絕。陳句山先生

題本一家眷屬。雖在截清上文。不難在聯貫下截。以神遇而不

以形遇。自然化盡筆墨痕也。紀曉嵐

吾聞觀近　所主　楊國楨

欲明聖人所主之不苟先概論夫觀人之法焉蓋人以類從則所爲主與所主皆不謀而合者也故可以觀近臣者即可以觀遠臣孟子若曰以予感于所聞而妄以苟于所主者誣我孔子也不惟無知聖之識亦且鮮觀人之明矣夫聖固未易知然知人正自有道惟善觀者爲能即其人之類而區而别之比而考之而其人之真始出詩此以桐天下士大概然矣吾觀孔子當阨侯擇所主則在齊衛之所主可知已顧或侯疑之謂癰疽之門亦時納高人之駕而大聖之德何必私之微或者志存匡濟之遊列邦以羈旅之身遠適異國其

歲試　下孟　第一名　長泰學

若昕　　設舘授餐之雅而节一徙能修絷維信宿之欢則頓言求
夕爰居爰處夫亦曰彼近我遠姑望門而投止焉耳是說也何其便
于當世之扶業千時私交近倖而苟且以成功名者哉且獨不聞夫
類聚羣分声應氣求即偶爾相依固自有判然不爽者乎今試以觀人
之法為予告爲夫人抒其所蘊筮仕本朝則爲近臣迨遇都越国戴
贊須陳則近也而遠矣近臣自有近臣之素履立朝丰采發著于書
思拜命之時遠臣自有遠臣之風抱命世鴻才亦見于慷慨立談之頃
觀之者亦何在不可得其槩而吾第以主之一事論其或近臣靜處
一室而有客戾止焉其來也必非無因其納也誠属有故觀其來者

而其納者從可識矣其或遠臣馳驅所届而有人授轄爲其所主也必非無意其宿也必屬有心觀其所宿者而其所宿者從可知矣蓋人之合也合于其氣意氣之不親遠之離耳此不獨遠臣然也近臣亦然人之聚也聚于其誼情誼之不屬疏之疑耳此在近臣殊然也而遠臣何獨不然且夫持札守義者君子之行也黨同伐異者小人之心也設一旦以正人君子之身而當僉壬之在前豈惟我意不屑與之親哉而彼亦不與我親也何則非其類耳是故近臣而守札義不爲匪札義者主也近臣而無札義不爲守札義者主也遠臣而無札義不以守[illegible]爲主也遠臣而守[illegible]亦不以無札義者爲主也閒嘗上下

古今臣品若忠若佞不一其人若邪若正不一其心若哲與愚不一情若聖與愚不一轍毋論為近為遠在若臣必有等辨之者以余所聞大抵如斯耳抑侯有親近臣之嬌嬌者不可多得而庸碌之流恒欲藉士君子交遊光寵則遠臣或有所羅致者夫為庸庸而至見致于人此其人亦無足數耳而何足以疑我孔子哉

吾聞觀近　一句　黃暉烈
觀人者觀其類述所聞以為訢焉蓋遠近之臣不同而所主則各從
其類也述之而觀聖之法自此定且聖人無可議而世之觀聖人者
偶欲以不必然之事開群議之端豈不以疑國過都未遑擇主事有
出于或然者乎抑知類聚群分各不相為而以人觀人之法參為千
（先將君子小人提論前）
之權衡如吾之所聞可引以為例者君子之傾慕乎君子也深之
以性命不在寄之以聲名然未見而切覯止之思者及偶爾相遭必
（緊接得妙觀字）
有與訂生平之雅而君子賴以不遜小人之投分乎小人也此藉其
揄揚彼亦資其汲引則既見而有樞昵之私著雖遭然相遇必無一
時未合之嫌而小人于焉匯于是有所為之者有所主勢所為主

壬戌小題文徵　一　五

崇居山房

而賢者耶其志潔其行芳其守難進而易退是秉禮之君子也徘徊道友必計其國之孰為賢以而後主之不然其都而不龍者閭已久也所主而賢者耶其身雖其操介其迹雖合而易離亦禮嚴義乎之君子也同氣相求必計其人之誠為賢也而後主之不然其詎亦不納者又已多也孰此以觀人有必不與者是故所為主者遠臣也而觀近臣即以之何則近臣之勢親上則或以愛之過而濟其鹽或以惡之過而失其真乃其所為主則固一代之偉人也意近臣有足當其掾擇者耶苟越國而來者既迹已形而欲潛蹤于吾土亦可知近臣之不自振拔者矣故觀近臣以其所為主若夫所主者近臣而觀遠臣即以之何則遠臣之跡遠上下也情異詞而其品可出

軒輕君子小人文情駁

上禮君我之

崇居山房

吾聞觀近　一句（下孟）　黃暉烈

者畢露而其實不符乃其所主則闒一門之碩望也意遠臣有足懸其素心者耶虛座以待者德行不立而徒取寵于君恩亦可知遠臣之與俗相親者矣故觀遠臣以其所主夫近臣遠臣賢不肖之已見者也冷合而觀之者非有所疑于其始也古今有小人附君子之日無君子於小人之日況有小人畏君子之時必無君子愛小人則此類之分焉者也一國君子有容小人之事斷無匿小人之事況君子祇有去小人之心豈有比小人之心此又辨之異焉者也欲知孔子乎觀其所主而可知矣欲辨孔子之所主乎仍觀孔子而可知矣

此節言觀人之法。君子小人。又以類應。則君子不肖所主可知。

戊戌小題文徵　下孟　吾聞觀

[illegible]成小題文徵　下並　[illegible]閒觀

評說得最清。且又說得最密。共手謹嚴。固[illegible]　[illegible]準可錢觀。

〇〇〇吾聞觀近　節　　鄒弘

即遠近以觀聖人而所主有定論矣夫惟不主癰疽瘠環所以為孔子也彼不知孔子者胡不引觀遠近臣之法以決之今夫人之相從豈不各以其類哉君子有類小人尤有類君子必不類于小人繼小人必不類于君子悖觀古今罔有或殊也予疑孔子主癰疽瘠環即夫癰疽瘠環之為孔子主與不為孔子主姑不具論但既為癰疽瘠環憑自有所為主癰疽瘠環者則請作近臣觀夫孔子之主癰疽瘠環與不主癰疽瘠環姑不具論但既為孔子憑自有孔子之主者則請作遠臣觀內吾所聞觀近臣者言之大約癰疽瘠環之家止宜為彌子主不宜為孔子主

一句喝起

蕃卿位為孔子一句亦從周悟　固為之做

油觀盛東轉快

小宜為孔子主并不為貞子雖由主何也癰疽瘠環非雖由

大　下

戊戌科

大　下　戊戌科

貞○之等而彌子之類[illegible]觀遠臣聞遠臣者言之大約孔子之

瘠止宜主貞子雝由而不宜主癰疽瘠環豈惟不宜主癰疽瘠環并不

又辨一類字破盡豪

宜主彌子何也孔子非彌子癰疽瘠環之類而貞子雝由之類也若故

借賓形主愈緊愈透

癰疽瘠環不為彌子主而為孔子主不成其為癰疽瘠環即使不為孔

一路快絕

子主而為雝由貞子主亦不成其為癰疽瘠環孔子不主癰疽瘠環而

主雝由貞子而後成其為孔子不主癰疽瘠環而并不主彌子而後愈

成其為孔子若使孔子主癰疽瘠環是孔子而類癰疽也孔子而類瘠

環也何以為不主彌子之孔子何以為主雝由主貞子之孔子世焉有

迎眾鈎鎖盡下文結穴亦宜知此

不主彌子而主雝由貞子之孔子而反為主癰疽瘠環之孔子哉此所

謂君子必不類于小人亦猶小人必不類于君子也予可以曉然矣

尾

盧文子曰。儼本章言近臣之賢者。顏讐由司城貞子等類是也。近臣之不賢者。瘠環癰疽瘠子一類是也。遠臣之賢者。□孔子是也。讐由與子自不主彌子瘠環癰疽而結意衛還晉鄭則無□□主小人意遠而不主小人則瘠環癰疽為主彌子則主中賓也文銘全章大意縱擴擇洞賓主互發尚盡其妙

吾聞觀

鄒

吾聞觀近臣　二句　　戴　澥元滙

欲明所主之不可輕為概舉觀人之法焉夫近臣遠臣不同也而觀所為主與其所主則其人有可知者能不舉以為証聖者辨乎且自聖人既遠世之疑聖人者類不能觀聖人者也吾以為併不能寡舉人夫物以羣分人以類聚其交也不偶其合也有由天下事有類觀而最著者乃不能衡論本末以求人品之真亦已過矣惜乎未有以觀人之法語之者則試以所聞一進述焉夫人未易知也觀人未易也孔子之聖也周流列辟轍環所經衆樂為主焉乃于衛卿則辟之則擇焉夫亦以所主之難其人而所主之不可以苟也

長泰堂

乃　之者循或議之謂乎　于齊衛非同夫貴近之班也亦衛
是羈旅之臣也其分微非有近者不能無因而強合其情踈身為遠
者必有所藉而始親使曰所主之必擇吾恐為所主者之未易遇也
吁是亦未知觀人之術或近或遠惟視乎其所主以為衡也夫臣上
也其與君親者與君近者也其與君踈者與君遠者也近者之情易
暱以其所踈者雜其所暱則近者因遠者而大白其生平遠者
雜稽以其雜稽者驗之熟悉則遠者因近者而畢昭其品行身依日
月之光猶不敢以徑情延攬者貽羞于比匪況望穢方來而敢冒濫
夫又氣也近者難寬則遠者彌嚴斯固其不謀而合者已舒居踈逖

系
長泰學

之班而必以締交結納者參稽其品詣況服事有年而不借鑒以徵情也觀遠者有辨則觀近者類然斷固其隨遇而彰者已觀其所為主以其所主觀人之法不大彰明較著哉若小人有窮附君子之日必無不親小人之理君子有交君子之心必無借援小人之時敢若邪為正其黨已分其交互異觀人者惟依其類以相取小人之陰附君子也貌雖親而心已離君子之處夫小人也情雖恕而守必嚴故為賢為奸其術既殊其途各別觀人者必辨其真以為衡嗟夫盛王之世率土皆臣同官為友遠與近又何擇焉洎至戰国結納有日紛

人定占考跡明心

誼有斷〻不爽者孔子遠臣也貞

吾與女

瞿　詰

聖人之與賢者不必以其愈大賢也夫必與其愈者則所與實在回歟乃子固有以與賜也賜何以見與于子耶若曰女之在吾門也自許吾向疑女之自以為愈也而重有慰于女固即轉而詢之女吾于女固未敢漫以相許也而不謂何敢望回之言即出于女噫女自此寔獲我心矣一女之弟如女自信吾亦為女共信是女之所心折者在回也不獨女折乎回即吾所心折者亦必在回也女自知吾亦無弗深知是女之所力推者惟回也不獨女力推夫回即吾所力推者亦必不在女而在回也然而吾與女矣雖他人視

女祇見女之遠遜于回而何足深人之奬許乃吾觀于世之欲多上人者而女可與亦夫吾豈不知女與回諸力之淺深而必以孰愈之說還問之女者吾亦欲深觀夫女耳則以吾詰女之意即可知今者與女之意也吾能無于女有心賞也即女之自視祇覺已之未遠夫回而何足當吾之褒嘉乃吾觀天下人之好自矜詡者而女又可與矣夫吾豈不知平日方人之甚暇而必以同堂之回使女自方於吾固欲即此以見女耳則惟吾之疑女者深即可知今日與女之深也吾能無于女有默契也寄懷于風浴莫春育狂士曾爲吾黨所流連也誠不必與點並論而以吾觀女即此知二

承題注　探下弗如　倒看舍

之去遠于知十者倘謂斯地懸絕而遂足減女之聲價也則殊非

題是反面翻法處結處必須如此收勒

吾與女之意耳矣相從于浮海好勇在吾徒亦為吾之所節取女

轉筆極天極旋恰合語氣神全

雖不必以由倒觀而以吾論女即此孰愈之不自以為愈者如謂

反面翻下弗如　手勒本題神注下句得訣在上句

姿稟懸殊而因以待女之菲薄也則大非吾與女之心耳夫吾之

如聞一欬細玩方曉

與女者正以女之自謂弗如也女其勉乎哉

不蒙上弗如固去題千里蒙上弗如即侵下弗如此際極難措

手須看蒙上而不侵下便是運手之妙

吾與點也　何如　截搭題

與狂士者有心疑諸賢者亦非無意也夫夫子之與點以其異乎三子之言也乃點則于三子之言而問其何如意在三子乎抑不在三子乎且夫吾人言志于師友之前固樂乎人之我許也甚不願乎人之我疑也頓言苟非大異于人則聖人不輕以相許矣而言既不見許于聖斯同人亦若為相疑矣如偕童冠而風浴詠歸點之言如此以視夫三子之言何如而令夫子喟然乎撰點當曰亦不過隨其身之所偶值以言其志之所素裕初未敢曰點之言異夫三子者之言而大契乎于心也而孰意

夫子則獨有以與點矣與以言乎神相洽也沂水耶舞雩耶夫三子者之言未嘗計及也（伏下句）而點則因暮春而言之雖非有意於（須居引）人知而其意廣矣烏乎不與也以言乎情相接也風浴耶詠歸（問節得解）耶夫三子者之言未暇及此也而點則因童冠而言之雖若無意于酬知而其意遠矣又烏乎不與吾與點也子蓋以點之言誠有異乎三子者之言而遂不覺其與之切也斯時也點聞夫（選濺有波致）子與已之言意必先三子而出矣曾皙出而三子後向吾夫子而歟之曰夫曾皙者之言何如而夫子獨與也此亦情之常焉者何居乎出者在三子而問者乃在曾點也哉夫點獨未解夫

三子之言耶有以兵農為言者有以礼樂為言者即不必言之有可嘉亦何至言之不可質然點固早已知三子之言矣不言沂水舞雩而言兵農不言風浴詠歸而言礼樂苟不深究其不見與之故安能相喻于所與之欲夫三子者之言何如非因吾與點也之一言而切〻然致問于三子者出之後耶要之夫子之與點固所以廣三子之言而點之疑三子者亦欲借以証已之與孰謂與狂者有心而疑諸賢者獨無意也

穿插處挽渡處俱有玲瓏之致

吾與點也　吳士玉

聖人與狂士之志有相契于微者矣夫點自成其為狂耳不期合于聖心也與點之嘆殆有相契于微者乎喟然曰吾乃今而知異者之果有異也儕然于身世之交仕世之知與不知而皆可以自見其性情蓋此蕤蕤自異之致微獨言之者以為異即聞之者亦不能不以為異也然乎誰則無此莫春乎而誰則有此莫春乎天下事春來則期之當前則失之向如然言會心原不在遠矣點乎孰非莫春中人乎而孰是莫春中人乎天下事當境則戀之既去則惜之間之追言取攜何非各得其則勿曰異也無以應知也有知點者以異語之

非參也一勿曰異也卿明吾志也無如點者以是謝之而無聞也功名
其可黙也哉點亦何嘗熱然于功名夫天時人事之窮特不能共
搖纓安紱之榮而俯焉仰焉黃農非古叔季非今冠者童子共遊于
熙皡之天下功名之士有如點之與獻也乎泉石其可能也哉然
何嘗不寄意于泉石傾物我徙來之際要自適其高山流水之情而
悠焉遊焉歸焉徜焉非僅山林非寂春風沂水所此皆斯人之徒天下泉
石之流有如點之經綸也乎推斯志也出可以新處可以窮川可以
行舍可以藏不足者自在人而有然者即在我也曠曠者物然人之而
不奇得意之推斯志也趨時者勞昧時者殆先時者猶後時者黙得

蓋有吾意之不得爲者焉，以耳治焉，然隨所而發，繇是談

二比出比比出全篇一意　宜六篇

必辭之以爲高，此巢許務光之所爲；泉石之娛，人必遠之而後見恐

堯舜功名亦不過浮雲在太虛而已。吾非點與而誰與乎。

點惟適其素位之學，然却是與時偕行，無入不自得。氣象夫子所

以深與之也。與字自離，却莫春七句不得時解，乃謂夫子來道

出所以遂欲憑空發論，是何異贊牛貫牛也。文處三照定上文，推

勘最精與物之際，而不似雕衍上寸步落色相者，則融鑄之精也。

吾與點也

吳士玉

聖人與狂士之志有相契於微者矣夫點自成其爲狂耳不期合於聖心也與夫之嘆殆有相契於微者乎喟然曰吾乃今而知異撰之（顯然見以來猶在□會）果有異也聰然于身世之交任世之知與不知而皆可以自适其生情蓋此落落自異之致微獨言之者以爲異即聞之者亦不能不以（而語有不可思）爲異也點乎誰則無此莫春乎而誰則有此莫春乎天下事未來則期之當前則失之洵知點言會心原不在遠矣點乎孰非莫春中人乎而孰是莫春中人乎天下事當境則戀之既去復惜之洵知點言取携何弗各得矣則勿曰異也無以應知也有知點者以是語之而

非矜也。勿同異也。聊明吾志也。無知點者。以是謝之。而無悶也。功名其可慕也哉。點亦何嘗慭然于功名。夫天時人事之窮。特不以介攄綬安紱之。樂而俯焉仰焉。黃農非古。叔季非今。冠者童子。共遊於熙皞之天。上下功名之士。有如點之勛猷也乎。泉石其可就也哉。點

如歆風奏雅

何嘗不寓意於泉石。顧物我往來之際。要自適其高山流水之亦悠焉游焉。而顧非喧山林非寂。春風沂水。所與偕斯人之徒天下泉石之流。有如點之經綸也乎。推斯志也。出可以顯。處可以[illegible]。以

寬際宇[illegible]休[illegible][illegible]發出

行舍可以藏。不足者自在人。而有餘者自在我也。曠上者將無入而不自得矣。自推斯志也。趨時者勞。昧時者絀。先時者躁。後時者[illegible]

為者吾為之不得為者吾聽之耳浩浩者將隨遇而可以安矣

辭之以為高此巢許務光遂成為泉石之幽人必用之而法鬼悲弃

然點一安如是如是

亦功名亦不過浮雲在太虛而已矣吾非點與而誰與乎

集註所與言志一段字字是與點襟際人不解此與字便無着落

漢斯文前因比摹虛神後四比透發精義讀者當思其何以能臻是

定豁然有箇領悟處也　鄭亦齋

與點中自有微意既未道出所以此豈淺學所能懸揣不意他手

千言萬語無一字道得着者此却語語從聖人心坎裡流出

吾與點　吳

蘇學院歲取進 仙 吳国棟
睢縣學

吾與點也　已矣

諸賢之志皆可與與無殊於共與也夫點可與三子將遂不足與乎一與於言志之餘一與於辨志之閒不亦見諸賢之志無不可與乎且一堂言志豈能一無所與哉抑亦有所獨與矣有所獨與其餘似不足與然亦有所共與矣獨與者固許其言之有當共與者亦信其言之非泰獨與共與之閒彼此雖不相謀而參觀所及殊覺諸賢之志皆可與而聖人亦無乎不與者也一點承子問点亦各言其志也已矣豈故異夫三子者之言以求得合于聖而與之哉顧吾思之吾人之心可靜不可滯見與之点未嘗暫蔣乎

三子之志而為是慷慨以自高第襟期披瀝黃農可以概見衆物
可以優游而用行舍藏之意默默各契于言中點之志亦非所不
滯也以視三子不有適然不侔者乎抑吾人之心貴曠不貴拘見
與之點未嘗鄙棄乎三子之言而為是放達以自鳴第識趣廣濶
天地可攬于方寸万物可孕于怀來而時行物生之理既然有會
于意中點之志亦曠而不拘也以視三子不又有岸然特立者乎
此夫子所以獨與點而不與三子意耶雖然求志與達道兩相值
處為三代之英出為一王之佐事雖有異理惟一致點自成為點
紛華無所攖其念慮三子自成為三子才猷亦可著其日新則一

時推論正不必分其低昂而詎曰不羈之慨可深許而有用之才竟無足重性分此乎功而相宜名山重道德之儒王国賴經猷之彦勢雖有偏寔各自成点有点之志氣宇固非允近三子有三子之志抱負亦越尋常則一堂質証正不必判其優劣而詎曰目前之情景可必而異日之經綸寔難以副所以子與点而三子出三子出而点問亦未知三子亦各言其志而夫子固皆有以与之也功業者性内之事一念之足相及可運于不窮一意之足用斯亦發之甚溥況三子者挾有為之具乘得為之時富強勝任而今快六章數布而裕如今雖未有表見而坦怀共白搃非言大而夸而

胡不可與勳名者位內之遺貯之平時者預發干
者預慰于他時苟三子者際得用之秋
能事礼樂亦皆所優為今雖未有之
誕而胡不可與是知人各有
之可與固在各言其志
何必更贅一辭曰夫三
與獨與無殊於共與也

吾與點也

徐鳳池

聖心有自得臣賢者之言而有契焉夫聖心之自得不知于點何如自點爾之而有動矣宜其深與之哉且夫造物之于人者無窮也而人入其中而失之以俗夫造物者之有私也往往而然也若夫不（忘其為古人之語斯為入）爭其所固然而行所無事斯其意不已遠乎于今乃觀于之志矣異（化報其字唱嘆點字）哉夫點耶點顧若是耶天下猶有能窮點者耶異哉夫點之志耶點之志竟若是耶天下猶有能域點之志者耶一事之不本性情而出者即其所樂終非自然之天而凡屬之氣亦豈能有感通之故而不本當前而行者即其所期俱在莫必之數而稍有扞格亦豈得為順

論語

論語

應之方而不謂點已異也點之志其使吾思也役役者何為乎區區（比句亦用得之化）者何恃乎點其有終身焉者乎不以己喜不以物悲亦何者[illegible]量之間矣點點者時物乎浩浩者天壤乎點其有同遊焉者乎取之（對伏叉）（然皆無用古之述）無禁用之不竭亦何往不得流行之趣矣宇宙寥闊君子亦有不滿之願而誠如點也其安有不滿者也化工幽渺古今亦有不盡之藏而誠如點也其安有不盡者也數語也而直有包舉萬類之象夫吾（得訓）亦弟得其象而已爾一時也而直有神遊千古之意夫吾人亦嘗得其意而已爾點耶顧若是耶點之志耶竟若是耶而異者真異矣（用得入化）此予之所以嘆也

評

賚發註意在夫子口中仍極渾涵詞約意遠古風仙韵獨步一時大家行文字字固有來歷然最忌用古人成語若此篇之用古天然入妙卒亦何減風神也

吾與點　一　徐

吾與點也　已矣

葛宗師歲取進仙遊県學　曾盛賢　榜姓陳

聖人深嘉乎志之異者亦不嫌乎志之同也蓋子之與點固以其志之異而三子之志亦未始不可同此固點問而以各言其志告之且一堂言志之下其有所與也大抵因其志而與之夫因其志而與之則志之異者襟期遙見其洒落而志之同者懷抱已徵其各得故異者固深嘉其異而同者亦不嫌其同也點繼三子而言志子何以喟然而嘆夫點非猶是各言其志也歟哉兵農禮樂三子之志何如風浴詠歸點之志何如是亦士各有志爲之各言已耳胡於三子均弗贊一辭而於點獨嘉嘆不已乎然點固毅然遠

矣非必求異乎三子而莫春數語三子自不得而同之竊其、、既
然與老安少懷兩相契合視規、、於事為之末者氣象大不侔矣
子之所以与之者其在斯乎雖然子之与点也固以其志之異耶
夫天下有可異之志寧無可同之志粤稽古昔盛時司馬司農有
命典礼典樂有人其載諸簡編者犹昭、如見也微点間子亦不
得謂志之異無有足與志之同者不足言夫三子者之言何如亦
各言其志也已矣今夫志者人之所自具点有点之志三子亦有
三子之志是故、、兵農者志在兵農談礼樂者志在礼樂三子之
志雖与点有或異而亦未始不可同此各言其志子因點間而遂

為之告之也藉令彼三子者聆与点之言後曾皙而出子於斯时安知不因其志而并与之则異者不必相同而同者亦不必求異寧独於点乎是與哉

吾与　盛贤

○吾語子遊　　安于仁

大賢有所以遊者、因人之好而語之也、夫孟子之遊、不同于句踐可知也、語之以遊、殆有以轉移之乎、今夫天下士之遊也、曷足道哉、其術甚工、而所趨日下、其説屢變、而所守益卑、士誠不自重、而當世亦復嚳薄之、挾是以往、來見且所如而皆合也、子誠好遊、吾能默默已乎、遐想臣無外交之日、來修不出境內、不聞其有遊也、吾竊恨此生之晚、弗獲躬遇其時、抑思席不暇煖之聖、轍迹幾遍天下、遊豈自此昉乎、吾未嘗口授其説、而亦心知其意、夫人心而有所樂、或有一遊焉、以極其暢遂之情、故夫遊也者、以知吾意爲已耳、若夫廷説人

（語字神理）（説遊字始下當）

出言而崇尊古之此為何事而亦以遊名蓋九州皆相君之地四方盡載贄之區以于周流歷聘其間安往而不如吾意也斯則遊之約畧而可語者凡人心而有所鬱或出遊焉以伸其滃結之私故夫遊也者以遂吾事為已耳若夫挾策于君一舉足而利害隨之豈徒自為而亦以遊名蓋或數年而與居不崇朝而輒去以于徘徊進退其間安往而不遂吾事也斯則遊之彷彿而可語者吾嘗之齊梁歷（下文隱曜可）滕薛驅馳列國之郊論其迹不異憑軾結靷之流而其意則寬然有以自處固有隱隱欲語者庶幾可以贊之往昔也豈有同時而遇乎朋而不一抒其所得者乎亦嘗為賓師為客卿羈縻異國之竟論[illegible]

職既無官守言責之拘。而其中尤快快行其一往。固有耿〻欲語

庶哉。可以昭示來茲也。豈有及身而遇同志。而不一寫其中藏者乎。

吾語子遊。

此題無可生發。但使下意隱〻筆端。即為得之。詞氣亦自古雋。

吾語子

安

應讀本

吾嘗終日 一節 錢肅樂

思之不勝乎學也、衡之於所偏勝之處而後決焉、夫以思廢學則學
為無如矣乃夫子若為身歷其事也者而正告之以學也、今夫緣慮
以悟理因迹以感於道之相瀕從古已然無容輕重其旨也乃世之
學者不思稽古而矜神明之足貴財人情已居極重之勢古學將蔽
廢絕之虞吾何以救其失也乎吾思理道無一偏之說非必貳之
而見也乃若有所試之而求而不遂則可以定析衷之論矣學問無
爭勝之衡非必有所量之而見也乃若有所量之而窮而知返斯可
以立取舍之極矣吾不嘗終日不食終夜不寢以思乎有所求於此
之事而夙夜以圖之為力亦云勤矣使勞苦而多功則奚必溶先王

大題傳文 論丁丑 雲石山居

大題傳文　論　丁丑　雲石山居

之憲言而始言明齊也有所形於彼之事而濬洵以將之說心亦云至矣使清虛其目釆則奚必襲古人之緒論而後見精微也然而思

正篇張義二比

之思之又重思之幽深之義非不析之無遺而一若近之一若遠之終不能寔指其可攄廣大之途非不歷之殆盡而見以為可覩又見以為不得覩終不能明言其所至其無益若此由斯以觀思之與學

千古萬頃澂夫清如仙子凌波

新可識矣捷收而不應猶可曰時月迎也須之以日夜亦不為不盡真思之致矣然且未始云獲如此也是殆不如學之寔而可攄也雖無物於辭未必盡窺性命之藏而口誦之而有其詞心維之而有其定何至如思之荒忽無歸也哉離施而無序猶可曰中心藏也猶之於食亦孫為不極其思之變矣然且無所短長如此也是殆不如

補出學不廢思意

學之近而可循也雖約文申義未必盡廢靈變之功而讀書而明其務考古而斷其疑何至如思之偏舉無當也哉若此者于身驗之而知其必然矣即未必于身驗之而亦有以明其必然矣

一字一低回一語一顧盼總是現身說法勸人思學相兼如接其訓如聞其聲　吳赤一

題是聖人自言得力才情意氣俱用不着只在以神運之耳若先生此篇可謂筆筆有神矣損桃柳楊宛轉如話何减頰上三毫　錢仁山

戒之戒之　三句

浙江姜學院歲考　建德縣學一名　張雲鶚

大賢為人戒所出、而知反者之有由也夫當其出之遑計其反然而重可戒也、曾子之言、有司胡獨不聞耶、且牧民者而月勤撫恤原非以責報乎民也至有責報於人之意而其心為已薄矣然使人而猶知之責報於人則其心亦將惕然而有所畏自以為無所報而人心之無忌乃愈甚矣曷不觀諸曾子之言想曾子確見夫物理之有常而為施之者謹其所由往亦即於人情之善變而為受之者忌其所由來遂若設一人於此而危詞以惕之正容以告之曰爾乎夫獨無侮爾者乎今早戒此爾亦不至斯極也爾乎夫獨無詈爾者乎及今你

直省考卷篋中集　論

戒爾亦猶可改圖也夫佐爾譽爾者大抵皆反乎爾者也以為反爾
則非人為政矣以為反爾也則仍是爾為政矣何也爾自有出乎爾
者也爾前之所出亦既固有戒心焉任意以出之將以快爾意也而（帶定者句）
鳥知快意之時正爾失意之由也爾固無如反爾者何也然人之所
反亦或借以戒爾焉如其意以反之人亦為爾憂也而鳥知目前之
所憂即爾向者之所樂也人亦先無如出乎爾者何也即或人而不（照下）
遠反乎爾焉必其時未可乘姑以伺爾隙也否則必將厚爾毒也不（後原評踏快警背事）
然既有出乎爾彼亦何愛乎爾而為爾損其忿乎而爾固挾此以（提醒戒字）
為安也乎即或人而偶忘其出乎爾者焉必其勢未可動姑徐俟爾（意）

也自及也否則必將委爾于他人也不然誰勿思反乎爾者彼又何畏乎爾而為爾釋其憾乎而爾猶樂此而不返也乎且爾之所出不留餘地以處人乃時移勢易而轉而授我者一如其所素施則反者之數適同乎出者之數爾亦應其得失之相償也而能無懼哉且爾之所出亦并不留餘地以自處及事過境遷而持以相報者且更甚于曩時則反者之數尤倍於出者之數爾并難望得失之相償也而可不畏哉此曾子之諄諄垂戒者如是焉云爾吾於是蓋甚惜夫有司之不善所出也吾於是方愈悲夫鄒民之獨後於所反也

語多警動有先民之遺風 原評

直省考卷篋中集　戒之戒　張論

婉轉沉切。關照魯事處。尤極靈動。○曲呼爾字。綰定戒之筆。古

題。

迅雷風烈必變

敎文 姚瀾

天變而聖與俱變知聖人一天也夫迅雷風烈此天之變也而夫子亦必變焉不可見聖人一天乎嘗思聖人之心與天地之心相通於無間者也故聖人之心惟天地有以鑒之而天地之心亦唯聖人有以凜之當夫明威昭著其赫然而可畏者早已惕然而難安矣則吾試於達天之聖觀其敬天之實謂造物任德而不任刑何以雷行風動直與水火山澤並列六子之官則知一元鼓鑄要自有舒慘之互用者而豈徒恃雨露以伸恩請上帝降祥而不降殃何以風馳雷擊直與隕霜雨雹並為羣物之灾則知兩大運行

要自有休咎之分呈者而豈第覘雲生以告瑞是則雷而迅也風而烈也其變非偶然矣蓋由人事乖戾上干天地之和維雷與風遂挾造物不平之氣以逞怒於崇朝而當天威震聾明示譴告之形紺子于天若挾爲民請命之心冀默挽夫造化此天變而子所以必與之俱變也從來雷在地中爲復雷在天上爲壯若雷而曰迅則突如其來斯真洊雷之震矣夫夷伯而毀其廟武乙而殛於河虩虩者方且降厥丕刑以示臨下之赫則其明威爲何如也夫子即不必有鑒乎此而震雷修省之志夫豈敢以或玩與從來風行地上爲觀風行水上爲渙若風而曰烈則其聲加疾殆非隨風

迅雷風烈必變（論語）　姚瀾

之異矣夫六鷁而退於宋大木而拔於周發發者方且還歟狂暴以示莫禦之威則其怒號而何如也夫子即不必慮及今此而終風濤浪之心夫豈敢以咸萌懈而說者謂大麓有風雷天[illegible]以彰孝子子之德如舜夫豈不可以格天者而胡不聞有明揚之薦也意者上天其夢夢耶而子不敢曰夢夢也當夫雷風交作而敬天之怒依然孝子事親負罪引慝之衷耳則尼山何異於大麓也哉說者謂金縢有風雷天所以表忠臣子之德如周夫豈不足以動天者而胡不聞有親迎之禮也意者蒼天其悠悠耶而子不敢曰悠悠也當夫雷風洊至而畏天之威依然忠臣事君植璧秉圭之

象耳則章布何殊於金縢也哉甚矣聖人敬天之實當迅雷風烈而益見也

宏中肆外其光熊熊其神奕奕洵爲椅滿而發之候

迅　姚

迅雷

江南鄉宗師科入　王德和
廣德州十八名

邦有道不廢

邦而有道，君子道長矣。夫當有道而猶廢，人之自廢也。容之言行既謹矣，故夫子稱之，若曰：物之品質不足爲世用者，則名爲棄物；而人之言行不足爲世用者，則目爲廢材。夫有其廢之，莫或舉也，（廢字看得好）當其時之隆，愈置勿問矣。如吾黨南宫适者，系出孟氏，則官率以世，夫豈慮民後以終身？一族賜桓公，則爵列於朝，又何俟明良之際會？（原評：翻不廢，妙切言行，切南容）然而言之不慎，即天家元士，且有莠言之戒，而寧有於世族？行之不脩，即國君介弟，尚罹不衷之灾，而剝屬在公孫，則是不廢固難，而邦有道之不廢更難。以觀南宫适，維言克謹也，無易由言，當

恐不足以當昌言之拜故復誦而戀口過嘉謀嘉猷如奉官箴雖

行克敦也躬行不怠常恐不足以當積行之舉故學禮而繼家聲

接贈鄰勞無愧父訓其不廢也吾善於邦有道必之矣使當無公

尊賢報政懿親是展之年以斯人之坊表而登進務聯當亦在故

舊不棄之列也寤歌泉石吾知免矣使當儕公閟宮有侐小大從

公之月以斯人之物恆而觀光芹藻當亦如公室為輔之選也肥

遯卯圖寧有患乎季孟之間宜尊尚德之君子而厥位不爽自然

頒載寶而劃車服之錫以崇博古之大夫而周禮猶存不徒作藏

者之誦詩曰彼其之子邦之彥兮舍斯人其誰與歸

斑然古色、、近代之器。張[illegible]

一入出處話頭便說成有道則仕矣。切定南[illegible]、行洗剔至

廢無一泛華而鍊詞精確自有精光朱變一

文章不切者便是陳言。此作無一字不切而鍊意鍊詞歸

於雅潔渝。可謂植根芳苑擢秀清流。張鏡安

利之而不庸　　　　王有阜

王者之利民〻忘其利矣夫利民者王者之庸也而王民則不庸焉何皞〻如乎今夫人惟是身之所受爲不可忘耳身莫急於得其養而湛恩之注濊有銘之於心而不忍一日沒其所自者此創制之所以顯庸而人情之所以大可見也而吾益穆然於王者之民焉夫其殺之而不怨也謂是明允之足以服人耳若厚生有道而日用得其休和應有受之而群生其感者矣抑謂是孚窒之正以安貞耳若衣食所資而婦子沐其膏澤應有被之而喜出望外者矣乃王者之民非無利也而若無庸也利之〻庸在王者也而

近科考卷鷇

江南撫臺觀風全省一名

利之不甯則王者之民也愚百姓身家之計每關宵旰之經營民

龍○蟠○彩○散

上○二○字○落○寔

寫足利字

之利也有剩之者矣由祖父以及子孫凡所為又安之奏阜成之

而○字○醒○出　傾吐

休何一非王者之所經營而致此乎而民若無心也嗥嗥乎先疇

不○膚○神○韻○都○出

則自服耳舊德則自食耳作息之相安者絕不計君王之何事也

君○民○互○說

補○筆○為○人○之十

已聖天子經綸之切時覺百姓之如傷民之利也王者不自以為

扶○根

甯矣而民亦忘之也嗥嗥乎人祇宅爾宅耳人祇田爾田耳耕鑿

相○原○所○以○不○甯

之自如者直以為君王之無與也已蓋而閒有不言之美利而王

說○王○者○補○一○層

者因之分田授宅與夫樹畜農桑一切出於理之自然而非有市

恩之事乎人以可詠而可歌故生人有無窮之樂利而民祇安之

服食起居以至吹豳飲蜡一切視為事所固然而非有創見之奇（結說士民說不備）勳於上以感施而佩德有不利而後見其利王民無所不利而帝（前二股順遞出二股逆遞）恩大澤之謳歌騰乃庸而後共為庸王者不矜其功而遂覺民風（又說王民者備微忽謝忽深）之皆樸即利其利者或不忘於湨世而當時祇安飲食之常即懇其庸者或往往垂於篇章而小民惟兹風氣之古合之遷善不知而王民不識皞皞如乎

勘利之處洞徹王道源流故說不庸處恰繪出王民氣象頓宕流逸落筆如有神　陳非類

本節三句對面各有個霸者在異在各下截寔異在各上截也

近科考卷絜

文自王者悉出王民又就王民辟會王者恰好有個對面仍無一語走入對面去題無剩義筆有餘妍丁易翥

剩之而

王

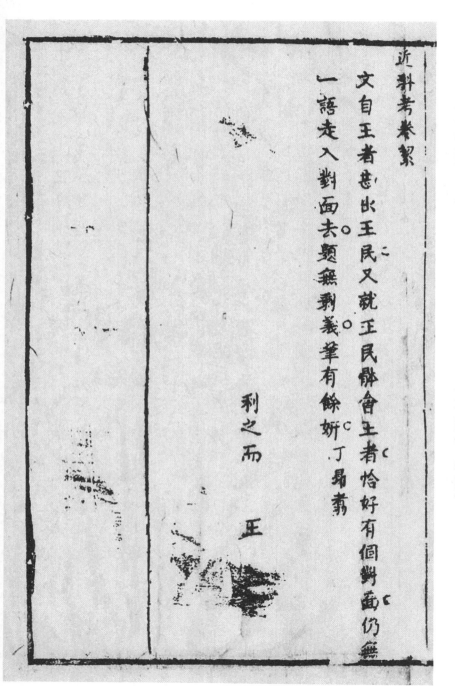

利之而不庸　方源盛

利民而民忘若有所當得者焉夫曰利之民宜知上之功矣而王者之民不庸也其斯為王者之利乎且上有惠術而下有頌聲者霸者施恩之效非王者徧德之象也厚澤旁敷必上不言功方為澤之厚深仁廣被必下不知感斯為仁之深相安於有爭之中亦（方是論之氣象）相忘於無事之天而已矣王者之民非特徵之不為也有如利之乎取億兆之身家而愛護之蒸黎也而視以赤子蓋屋也安以袵席憂慮在官庭歡欣在草野惟此身家之計即小民自為圖度亦（反起不庸際醇）無過若是周詳也荷冒之深恩吾不知感恩者當何如也舉億兆

之衣食而經營之狹隘者溫被九州盈寧者粒餘萬姓區畫在廊
廟豐裕存閭閻惟慈衣食之謀即小民自為措置恐未必如此曲
盡也生全之大德吾不知頌德者當何如也而孰知王者之民大
有異焉者匹夫無甚高論亦時以負義為羞乃猶是民也一若生
王者之時撓堂迥出尋常不得存異巷沾恩之見上之待之者不
已至乎以民視之甫以為己所應得耳我有田疇繫我之產我有
室廬繫我之宅君王何與焉蒲身處太平縱欲於寬裕俯仰中勉
求一二事以歸功朝宁無如帝力何有也寫人長者之行猶足救
報于族黨而共懸之湾首大君者殊不如意矣慝非必無情齊

知以滅德紀戒乃猶是民也一若處王者之世渾穆無殊皇古不復講銘佩難忘之雅上之慮之者不已恐乎以民視之轉以為巳習勤勞耳操作三時我自耕而食繆綌五夜我自織而衣君王何與焉盖優游化日方且於晏然飽煖時幾無一二事以望恩我后奚有歌咏勿諼也美言小數之端猶能鼓動乎人心而寔政之切（淺襯畢露雅清自切警老）於民命者殊覺茫然矣盖王者之利一出乎自然自然者民無所容其與偉之心無所與偉則何所感激故祈寒暑雨怨咨上及朝（描寫聲口律可諦可歌）廷而樂業安居解阜不歸父叫上有德意而民忘之夫豈民之薄也哉王者之利一出乎本然本然者民無所容其驚喜之念無所

驚喜則何所感戴歡欣徵期會手足樂趨公出而鼓腹含哺歌謠
無頌天子上有恩施而民安之又宜民之愚也哉其不庸也不較
之庸者而更深乎於以冀之民之皞皞也
善用翻筆拆筆而不窮冥際亦淡韻蒼涼遒靈極得皞皞氣象
正面處自不難說也通篇氣足詞充句諧調叶以此等文挽時
自是必售之技　頤蕙批

秋之兩　方

利之而不庸

湖南習學院歲試
湘潭縣學一名　盧樹敏

王者無私惠受其利者忘其德也夫有以利之而民以為庸其所利者有限矣王民之不庸也斯其所以為皞皞乎嘗思王者之世室盈婦子莫不得其養一時之飲和食德者當不知若何鼓舞也顧恨不得生於其時耳而吾謂生於其時則又習焉忘之矣王民之皞皞豈第殺之不怨已哉草昧初開萬物猶未改屯蒙之象賴王者出而生長之故能除天下之大害者必能成天下之大功瘡痍初起百姓未盡蒙生育之功賴王者起而衣食之故用刑而無肌膚之痛者當亦用恩而不吝撫字之仁王者之於民不又有

養爲

以利之乎夫利之亦非無事矣取材於造化弗嫌其奢也而民顧常儉利之者有務本力農之計焉水火土穀為民阜其財求畜牧

選意

農桑為民謀其家室所以勞心於養人者無弗至也迨至父老扶

選詞波致秀溜色澤鮮妍

杖而瞻桑陰子弟肩來而遊阡陌而拜君王之惠者宜比戶皆然矣用財於人事弗嫌其儉也而民顧常奢剰之者有耕九餘三之制焉及時以臘往來有一定之儀祭享婚姻閭閻無違禮之費所以盡力於富民者無弗至也迨至酒醴以畀祖妣椒馨以寧胡耇而歆君王之德者當奕世求艾矣利之矣有不膺之者乎而王民則不然井道之設周徙來而井井誰非君王之賜者然而因民之

利自可使富初非有解衣推食之為也雖羔羊朋酒躋公堂而酌
精實寸飲
切害祈
兕觥亦嘗有萬年之祝而出作入息相忘於帝力何有則歌咏之
大絕
無從參益道之施固自上而下〻誰不戴君之澤者然以自然之
利還之天然初非有蠲租賜復之文也雖遺秉滯穗歌雨公而答
甫田亦未忘忠愛之忱而含哺鼓腹相安於不識之天則欲歸美
到衣韶徒
焉無由參夫百姓何知以享其利者為有德所以官山府海功利
無擬可擎
雖梨史
及於一時被之者猶生其感嘆而至德高深不言所利而利大所
以耕田鑿井利賴及於萬世而身受者淡然其不驚民之皞〻如
此況乎其順則不知者又不類驩虞事也

考卷新裁初集　利之

久道草廬。此種題若不除去陳腐之談。則千手雷仝。適足溷壓耳。若此設色鮮妍。自令人擊節嘆賞。

宋銀𧅵

第十四冊　卷四十一

臣事君以忠

聖人論臣道以忠盡之矣（重字題眼）夫忠為不欺臣道宜然也不以是而何云（反然）事君哉今對公曰居今日而言臣道（起處能全講反勢）蓋綦難矣哉不以為性天之相（不知天理）命而以為權勢之相臨（論事勢）何惑乎廊廟之上有拜稽而旦明之中（臣事君）無精（不以忠）獻也君使臣以禮已（承上文）而臣之事君果何如乎報施之說（先翻法報施）豈所語于純（是正論）臣然股肱耳目君之於臣親矣（轉仍借報施作絡異承以禮出忠）寡臣也而顧獨陳應感之私豈所期于君上然酒醴笙簧君之於臣厚矣寡臣也而甘自薄問寡事君（出題是對）乎（定公語）臣謂惟以忠而已忠根於心之所不忍（起提一股柱意）亦不忍若性生之莫解也古（承）君子以盡性之學出而乃心公室夫誠有不忍負親不忍負師云爾（轉妙用張拓法）（以不忍負親不忍負師觀君）

論語

不忍負君者所為惓惓而事之也蓋其臣忠昭矣忠原於心之所一敢不敬者天理之當然也古大儒以循理之躬起而佐佑厥辟夫誠在不敢負民不敢負國而因不敢負君者所為兢兢而之於其臣何如立矣為大臣為小臣臣不一而所為事者無不一殆絕不計若之佐我何等而精白一心則自委質以來早以之矣所謂充忠於明無二焉耳為內臣為外臣臣不同而所為事者無不同殆絕不計君之置我何如而夙夜匪懈則自從宦以來獨以之矣所曰盡忠是用補過焉耳夫是故才智非不足尚也不以忠焉則才智皆餘功名非不足多也不以忠焉則功名皆偽臣所謂臣事君如是而已舍此小無

（不忍）（合）（接筆大家）（以不敢負民負國負君）（是不敢）（與上即緊）（好接）（抽閑）（拍合）（名論）（俯是聖人分）（語）（又生兩襯文氣愈足）（兩闕此三字束）（然句句緊）

臣道也。

題解

忠為寔心不欺。又盡己之謂忠。獨於事君上說者。凡以下事上易以欺。當盡其心。是誠不足處言也。然第言盡心。心近不

同。有盡有不盡。日自謂盡而寔多未盡者。味子於咯欲自盡上。又加理之當然。四字。㝡精。天即理也。性即理也。知此理。則忠字直從天命之性來。不忠則逆天自有所不能已。雖欲絲毫欠闕不盡不得。凡敬其事而後其食。知有國所不知有家皆是忠處。

朱子謂父子之仁。君臣之義。莫非天賦之本然。民彝之固有。莊周獨以父子為自然。而謂君臣相屬。特出於事勢之不得已。真為我無君率獸食人之邪說。文中根柢朱子。勘破非君所以當忠源頭。信為此題立極。。不忍不敢二股。辨其所從生。大臣小臣內臣外臣二股。推之至於所終極。中提其要。後晰其門。章法次第井然、

前輩作文。以題目逐字析開。清洗為第一訣。傳文篇〻可覆〻文中後四股。直是秘鑰。潜開要其竅。奇在中股逐字用逆出。後股逐字用順出。無一牽強。無一需同。尤可開學者無窮之義。起處而呼臣事君一句。落出以忠。束處而醒以忠一句。結煞臣事君。章法亦不苟。

臣事君以忠

忠乎事君者以忠立其極焉夫忠者事君之極也事君以此非臣道之當然者哉今夫人委贄而後即不得謂國家之事非巳事也蓋臣職之所在即臣心之所在精誠之至而乃可以盡其分焉則拜獻之間亦惟出吾至性以將之而已君使臣以禮矣而臣事君則何如拜手颺言亦事君者所不廢而要不徒恃乎拜颺之文也服古入官生乎六學淵在是矣歌功頌德亦事君者所不免而要不專尚乎歌頌之末也黽勉從事群工之性情在是矣夫臣之事君其必忠乎臣之分有大小而事君則不以大小而分也股肱盡弼亮之責奔走而竭禦侮之忱分不同而忠則同惟當以精白不二者對揚乎天子之

庭而已臣之遇有常變而事詣則不以常變而異也明良固多喜起之歡艱難亦矣匪躬之節遇不同而忠則同惟宜以矢懷無私者盡瘁于我后之前而已且朝廷榮我以爵無非期我以忠爵至而忠不至勿論矣以對我后也夙夜之自靖者謂何矣念及此而豈得以徒慕寵榮者昧公爾忘私之懷國家養我以祿不過望我以忠祿至而忠不至不但有以慚繼獨也素餐之貽訓者謂何矣念及此而豈得以苟求富貴者無國爾忘家之念況乎忠而君諒其忠也我乃得無愧于其職即忠而君不諒其忠也我亦得自盡于其心凡以臣當如是凡事君者皆當如是而寧問君之知與不知耶

整之八比每比俱有精思快論與人心目非率爾敷衍者可比

臣事君以忠

（一句渾破題意）（小承忠字）

立臣之極盡臣之心而已矣忠臣之所以自盡也事君以此臣極

（忠字）（從事君說入）

不已立哉且人當委贄而後弟知臣之有其職也而不知臣之有

（反轉）（反收）

其心心有未盡而徒曰吾以盡吾職也吾不知盡職之謂何矣誠

（領起臣事君）

為公言臣事君拜手颺言亦事君者所不廢而非徒拜颺之文也

其心貴有摯焉者矣歟功懋德亦事君者所當然而非僅歌頌之

末也其心貴有純焉者矣臣之事君其以忠乎忠非以誓君之爵

已也使第謂君之寵我以爵而以忠報之猶是臣道之薄也惟是

一念之精誠矢之無斁即夙夜匪懈猶懼此心之未殫矣而何敢

言報與忠非以酬君之祿也使第謂君養我以祿而以忠酬之
是即忠藎之徹也惟是一日之粹匀積之終身即鞠躬盡瘁猶覺
此心之抱愧矣而何忍言酬與雖曰臣之以育大小而忠無分乎
大小也蓋盡心為國分不同而忠則同也不然日列班亦而忠不
至將何以対我后也哉雖曰臣之遇有常變而忠無別于常變也
盡矢志靡他遇不一而忠則一也不然日覲堂陛而忠不尽又何
以質幽獨也哉故忠而君祿其心而我之忠殊篤即忠而君不祿
其心而我之忠亦不懈臣之事君如此
從臣之事君說出所以偏也之故語意真切非浮泛者所得同

臣事君以忠　王庭

事君無奇術信非忠莫以也夫臣而無以事君亦無爲事焉矣然一忠之外又豈有他術哉且人生一身立于兆庶之上凡百有事必與其臣共之人知藉臣之力之可安也而不知得臣之心之可恃夫使智勇群集勳名爛然若亦無可多求于臣矣而或其中之不可知則于小臣焉薄之而于大臣焉抑尤苞之故凡不惜重賞盡節[illegible][illegible]以致其所激發也即臣之所爲可知矣夫君之所謂臣其實即民也脫之草茅而寵之圭爵必取其有所効于時抑其始固士也養之庠序而升之賢能當道其無所負于上公之言曰臣

國朝制義所見集　論語

事、君嗟乎臣誠為事君設也身家妻子非入官之圖臣而不事君（重頂上三字下二字神理自列）
舍君復何事者民社簿書總分獻之業臣而誠事君所事無非君
者則事君之所以可知已凡人之所得以必其中之所有有之故
獻之若真為假借者不敢出也今為臣思之凡頂踵而餘皆大君（[illegible]）
之所賜吾無預矣而惟此吾中之幽隱為己之所自藏其所有者
忠也以其所有之忠將之為甚便亦求之為不窮耳凡人之所樂
以必其術之所售售之故用之若其為棄薄者不忍甘也今為臣
惡之凡巧詐之流實明君之所惡吾甚懼矣而惟此至誠之懇惻
為天之所必通其所售者忠也以其所售之忠遇之乃為常亦違

之無可為變焉耶是故忠本無形而大于事君之躬固結綢繆每若有形之可見夫形迹之際忠有顯亦有晦矣逢迎在前亦忠順也趨息在後亦忠勤也忠晦于形似而小人之藏身得托焉夫忠尚為小人之所托而君子反一謝哉忠本無名而激于事君之遇慷慨奮勵亦若有名之可成夫名譽之施忠有幸亦有不幸矣犯顏雷霆忠以諫也守貞禍亂忠以死也忠著于名成而衰季之立節必稟焉夫忠尚為衰季之所稟而明威反可泯哉是故臣之事君以忠必也苟不為忠臣是邪臣也邪不可居苟不有忠臣亦邪君也孤復可畏吾願事君者勉之

深微幽渺○交心如髮○顧修遠

屏當一切○獨抒深湛之○思韓昌黎教人自為○自有滅竈更炊氣象○

臣事君以忠

五名　王元麟

事君不外一忠、為萬世立臣極也、夫盡心之謂忠、事君以此、則人臣之道得矣、此夫子為萬世立臣極歟。且夫自委贄從王而後、何事不可盡之于君、而其所兢兢自矢者、止此心耳。夫茍相循于其名、而其中多不可問之隱、則其人縱或有所表見于天下、而君子終有所不取。謂其臣節已虧、固無足與于官方重輕之數也。加君之使臣、固以禮矣、而臣之事君則何以哉。膺盛朝之知遇、即論報施之常、臣心已有所不容已、而況堂廉有至性、原不可以報施例也。此其道不僅拜颺之文矣。沐隆施之優渥、即論感應之機、臣心

極的當

已有所不容負而況天澤有常經原不可以感應較也此其道涯
徒閑靖共之迹矣臣為事君者思之斷非以忠不可臣之于君職
業猶易稱也而其所最不可飾者惟此無偽之一心讀書懷古之
下以慨思夫坦白之風一旦委身事主輙以沽名邀譽之衷成貪
詐不測之漸則夙昔之講求者謂何矣是故識評佚之信史榮辱
聽之當官臣心亦何事可恕而敢謂君為易事之君乎亦求有此
無偽之心聊以自靖而已矣臣之于君勛猷可上答也而其所最
難自慰者惟此不欺之一心正心誠意之學素自植于絃歌之際
一旦乘時奏績多以書思補救之迹成貪榮寵爵之謀則隱微之

堪問者安在矣是故遇啓沃則一德為期遇艱大則貞純自矢臣心亦何事可私而敢謂君為共事之君乎亦時有此不欺之心焉幾自盡焉而已矣立朝而思鞠躬之誼率多奮志于功名然以忠則可貴亦可賤而必不可使處不安可經亦可權而必不可使為不義進至聖明可質僚友可告而吾祇求無憾于吾心斯其人寧僅求之功名中哉事主而切報稱之情疇不矜言夫氣節然以忠（更深至精湛）則不任智而任愚而積誠之愚即其智不恃才而恃性而率真之性即其才及乎功在社稷業在天壤而吾祇求無憾于吾君亦無憾于吾心斯其人寧僅求之氣節中哉一德之臣而能盡其心卽勳

名來遂。猶可自解于懷來臣而不盡其心。雖業炳非常何以謝君

于寤寐。是故忠者事君之極則也。

機調圓熟。筆墨酣飽。取悅時目爲存此種。

臣事君　王元麟

臣事君以忠

汪份

忠以事君、能盡臣道者也、夫為臣之道、惟忠而已、以此事君、臣道豈有不盡乎哉、且忠者盡己之名也、夫五倫孰不當自盡于己、而顧獨以忠為臣道、此有由矣、蓋論者皆云（此非予駁洪劇之說）臣之于君義也、無所逃于天地之間、若特出于事勢之不得已、而非有不可解乎心者、則固宜懷利害君者之紛紛也、故特專屬之以忠、而使之知為天賦之本然、民彝所固能、而尚然必欲以自盡于己矣、然而臣之所以事君、固有何詩而言者矣、今使人君南朝而治、而環顧長幼卑尊、無一不為巧趨尚媚之人、乃[illegible]、而前諭[illegible]、而何以臣為、今使人君臨朝而嘆

康熙[illegible]

康熙

尉賢則內外大小無一不可為股肱心膂之人而漠然不相知汎然
猶滿朝作而何以臣為一異誠非也不可以事君也一知必曰德知彼之
所以不忍其輔共以相將恃君不我知而遺我棄我于班行之末
遂決然忍于斯之乎以是知忠之不可擇君以施也如必曰感待我
之隆而不忍匿其材能以相負將君待我薄而怨淡啓我于儕乘之
中遂憤然忍于負之乎以是知忠之不可因君以報也然而忠亦豈
易言者哉且事為將必使賢身能為三無不悔而忻不回之身而後
可以聚將秉政隨所為而常忠夫爵祿足以聚臣心也久矣為夫
一有懷祿之心而凡可以得祿者無所不為也而獨不見古之孤臣

備歷顛危委身潛邀而泰然無恨乎居官者苟以此念常存于中則爵祿不足以動其心而窮猴隱微豈或猶有纖毫之累是故富貴不知其何以忽鬱芬華不知其何以忽淡泊有所必伸而自不至曲學阿世言有所必盡而自不至苟合諂隨貢于臣道可不謂盡哉即不幸而果有貽鋼相鄰流離窮困之餘而其所以處之者固裕如耳而又何難焉而至于恪居官次而盡瘁不遑斯誠爲人臣之見事而無庸深論也已矣且軍旅者以傅其身能爲仗節死義舍生成仁之身而後可以居常處順蹈節以竭而盡忠矣死生之足以變臣心也久矣爲夫一有求生之念而庶可以得生者無所不爲也而獨不見古之

貞臣偕嘗幾靡捐軀鋒刃而恬然自得矣立朝者以此念常存乎中則死生不足以動其心而左右前後置或稍有瞻顧之私是故道義不知其何以常充浩氣不知其何以常壯上托人主之感而事愈難則愈奮下觸柄臣之怒而勢愈盛則愈攻其乎臣道可謂盡哉即不幸而累當禍患頻仍存亡危急之際而其所以自請者固素定耳而又何患焉而至于敢守職業而竭蹷以將斯僚屬人臣之常分而無事費詞也已矣夫惟知忠爲臣道而以之事君雖與日月爭光可也

若決江河而下。若引星辰而上。制義中有數文字。中間本馮氏說。以翻尹氏說。分明領起後二大股之勢。其意側在處變一邊。然、下文若竟就處變立論。未免于偏。此文必使其身云云。言必常存處變之心。而後可以處常。立論便闊。以下申明此意。將忠字發揮盡矣。至即不幸一轉。却復轉到真正處變。然後以處常說任。更覺波瀾不測。意思不窮。行文須要如此曲折。要只是道理看得透徹

下。吳荊山

批出事君所以當忠之故。議論雄壯。筆勢縱橫。當與正希先生忠焉能勿誨句題文相讀頌。前四比用反筆引起。後二大比就正面實發。一氣轉接。波瀾愈潤。而行文倍緊。凡作大股文字。必須有

綱有目。有虛有實。有詳有畧。然後條理分明。而運掉亦自然靈際。
後二比曲折變化。卻只是深得此法。

文寧培三　汪

臣事君以忠　關雎　周漢

臣道以能忠爲極王化以關雎爲始焉蓋事君忠則朝廷正關雎詠則內治修臣道也妻道也義可以相通矣嘗觀舜之臣於堯也藝人始聞于側陋觀型己嬪於溈汭誠以夫婦之肅雝即可卜臣鄰之奏績也苟有國家者令妻輔佐于宮中賢佐贊勸于朝布而雞鳴戒旦又有以勸君之親賢臣而俾得効忠焉則內外相濟而王化於是乎始如使臣以禮詎曰如是以待臣則事我者庶幾無貧歲學續赤生北門之仕室人交讁而致嘆莫知我艱狀於之章征夫靡遑而讁及女心悲止人臣遭際何相懸也即如我周文考

放○驩○工○鯀○

即○前○事○君○者○陳○伏○下○纖○文○情○無○限○

此○意○

實帝得情

他行南國嶽音寔始于宮闈乃五十年小心臣節曾不見原于天

打合題目

王明聖豈豐可家庭者頌啻于遇主哉亦正以臣道之不褻而爲

表臣志之靡他也然則事君何以因以忠良臣擇君而事使不足

巧絕

展吾之抱負則卜年不字甘同女子之貞若既委贄明以閫下有

不忠者也腹肱喜而元首起情義之相維如魚水焉忠之所以承

下字有眼

嗚呼一德也臣子不私家室使有以利吾之社稷則衛肯顛覆無

殊內肋之艱鉞以置身朝右固未有不先於忠者也道無成而代

有終腹心之相戴如家人焉忠之所以操持于不二也雖然牡雞

以論為收總不竟

司晨而忠衰剝喪為亦為嗚々々八々々云亡從來女謁盈庭內寵擅

臣事君以忠 關雎（論語） 周渼

毒害未深於家國毒先中於忠臣君子讀詩至黍離諸作未嘗不悼嘆孤臣之不得志而痛恨于哲婦之傾城也宜夫子刪詩以關雎為首而諷咏不置云家庭之內不形燕昵之私則君志清明矣有以納賢士大夫之碩畫內廷與外廷所以共成君德也況關雎而上姜女胥宇克究西岐之保聚而從行水滸無殊捍牧之占而二南之兆豈可用不皆關雎德化之所推暨乎一袵席之間不淫清欲之感則君心整肅庶可以對端人正士而無慚陰教與陽教之以不可偏廢也況關雎而後邑姜治內已與九人之贊畫而過劉替宗寔忝戕亂之忠而一時之羔羊著美不皆關雎流澤之所廣

被乎是故詩首關雎也亦猶易始乾坤書稱釐降為大倫之至

重焉耳不然天下之大一婦人亂之而有餘數十忠臣諍之而不

挑合題旨音情激越

足可勝慨哉以二南而外國風變而男女亂倫王風變而君臣

國夫子所以三復關雎欲學者識性情之正于他年之一朝之主乎

無小補云

上下本無關會拈出君臣夫婦便似天成搭合聯絡互映筆

工巧擒藻騁妍運以英思偉論故非浮艷 唐端士

他人最難扭合處此却渾成一片而筆端又復烘染書籍九侯式

汪事君 周

○○○臣事君以忠　　胡友信

人臣之職、惟不負此心而已、夫臣子立心、惟爲君也、盡此而無負焉、此其臣道之極乎、昔夫子告定公之意、以爲禮下者人君之盛節、盡心者臣子之至情、以禮使臣、盡君道也、而臣之所仰答乎君者、豈可苟焉而已哉。○爲事君之義、無所逃於天地者、本有不容不盡之分、而天質之性、夙具於吾心者、又有不容自欺之真、故宣力效勞、可爲竭股肱之任矣、未可言事君也、而必精誠之發、真知在我者、不敢一毫有爲乎人、直言極諫、可爲盡耳目之司矣、未可言事君也、而必肝胆之微、出自由衷者、不敢一毫有爲乎己、無愛乎其力也、亦無愛乎其

（二股在題○前說陳公非原）

情委質之初已預為之決焉而執此以終身凡可以達諸國者無不
可以達諸天者矣無私于其身也亦無私于其道登對之前已自為
之盟焉而守是以不變凡可以達諸朝廷無不可以質諸鬼神矣其

在顧後評陳六雅餘

功之可成者固足以建明于當時而功有所不成者尤足以陰被于

癸巳亨　刻八　韓云

天下蒼利社稷則成敗以之而獨躬盡瘁之餘舉非所論也其名之

只功名二語令人可思雅劍

立者固足以羅向于當時而名有所不立者尤足以見諒于後世苟

康顛劍未海

益國家則死生以之而蹇蹇匪躬之外舉非所知也至此則激切非

曾其識此獨不然

所以為犯將順非所以為訣獨立非所以為矯協恭非所以為黨幸

應老涓

而君之有禮于我焉固無寵之可驚不幸而君之無禮于我也亦無

罪之可避乎以此言臣也斯至矣

皆由中之誠壬午鄉墨皆膚皮語耳　陳百史

篇中有如許柱子却層層次次不複不亂不離真可為單題之法

郭青螺云單題閑字最重如臣事君以忠事字以字重此文精

神正在一以字也

臣事君　　胡

臣事君以忠、　二名　侯長庚

有所必盡者臣之心而事君乃無負矣夫忠者臣之所以爲心以之事君而臣道盡臣極立矣且夫事君者若止是循乎分之所當然而其道即有所未盡惟不以爲分之所不容逾而以爲心之所不容已則一日之靖獻而其人之性情學術胥于此見焉何言之拜稽之文夫人而循之然循其文而臣節著循其文而臣志或隱矣是必有禀于拜稽之内者固非寮寀之所能贅也奔走之方夫人而効之然効其力而臣分昭効其力而臣心必或匿矣是必有穊于奔走之先者亦豈友朋之所與知乎是所謂忠也事君者舍

山西

此其奚以哉從來知名勇功固為承弼厥辟者所必需而忠則必
性○學○二○義○卓○然○大○雅
原之于其性古之人堅貞之素早優于生初遂覺機智譽望之私
不得進而參于對揚之際也故沃以輔其德宣猷以贊共事非徒
循乎稱職之常而懇摯之懷原本于賦畀者浹洽于黼座而莫之
解此則臣衷之所獨喻者耳丁月股肱亦為左右一人者所務盡
而忠則必徵之于所學古之人誠正之修帶深于寤寐遂覺羅利
邀名之念不得起而閫其悠恭之志也出一言而澤徧寰區定一
策而功垂奕禩決不屑居備員之數而篤棐之忱講求于夙昔者
側○面○醒○以○字
固結于宸居而莫之釋此則臣志之可共白者耳非曰以是報稱

山西

乎君也高厚之澤固有所難忘而幕存一報稱之念則其性情為
已薄惟是發于衷之不容已而覺在我之誼有必如是而後盡者
則雖盡瘁鞠躬而常深曠官之慮又非同以是責望于君也優渥
深摯
之德固靡所不至而或存一責望之懷則其隱微為難知惟是動
于其心之所不容遏而覺在我之情稍不如是而即有難安者即
至被讒受謗而終無間越之思此則臣道之當然者也而豈徒循
分之說也乎是以盛世之臣自克于幽獨之地而寵辱不計致身
于委贄之後而利害胥忘也

性學二義探原之論不淪漢冗前後即未可繩以先輩單題之

妾知鄉墨選

法。要亦遠乎庸腐。

臣事君

侯長庚

臣事君以忠

壬午 應 俞鐸 天木

事君有道。盡所以為臣者而已。夫最不易盡者臣子之心。以忠為事而後乃謂之事君耳。若曰世有賢主立於上。我於于大夫可謂有禮矣。而無禮於君者。多至苟可以為而止。夫苟可以為而止。此一念非人主所得而驅也。我生平所學何事。而謂與庸人為輩。同優游浪迹而不知愧哉。亦未取所為臣事君之說而思之。（三字鄭重）夫人主竄綜一身所恃為握手定交者。曷倚乎。倚此臣耳。夫既儼然而呼為臣。則臣子之所自為可想而知矣。且人臣生平學術。所誓為委身勿貳者。安歸乎。歸吾君耳。夫既凜然而獻諸君。則君所以察臣之事。可想而知矣。有

上論　順治壬辰科

君斯有臣世界中艱大難圖之事半倚我臣子之稱精臣子而盡乃
心焉則瀕不盡乃心則事不瀕夫所為盡乃心者果何道之從乎有
居僅斯有臣患夙夜間隱深難言之故何患不與吾君相質究君命
有殫厥心之臣焉則何以有為無殫厥心之臣則終不啻為夫所為
殫厥心者何途之遵乎此如手足之於腹心有一處之不憚遺軀捍
蒼見○成○一○篇○之○勢
蔽隨之矣蓋手足所以聽之者熟而心所以愛之者深用不得不從
近表之法包括多少名論處眠
心而思焉以故臣之執事乎君也其不可與吾君相對者不敢不謹
少包羅
也其可以與吾君對者不敢不加飭也即其可與吾君對者亦絕不
二○特○更○深○
是子君起見以為臣子之常分如是吾乃謹持其意以將之而君遂

許為忠我則已矣亦且由一事以及千萬緘忠之少規避則大勢敗〔不封而封妙〕之蓋一二事亦已有餘乃千萬事仍見不足用其得不無倦而忠虧〔微至〕以故臣子之忠事乎君也其出而圖吾君者欲罷事不為也其未出而圖君者雖無事不敢忽也即或不終出而圖吾君亦自見吾臣子之義以為君父之大倫如是乃厚積其氣以成之而君不諒我之忠亦已矣忠之時義大矣哉

吳震伯曰淋漓痛快可誦可歌至於命格之奇用筆之妙真是制義中古文

何懸人曰擢神鏤骨之言清虛漠引無執不滅如鑑之應如衡之

○平有身處江河○心懸魏闕之懷○

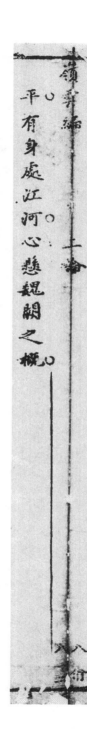

臣事君以忠　　三名　姚烔

聖人明臣道惟自盡其心而已、蓋忠者臣心之自盡者也、以此事
君庶無愧于臣職哉、且人臣筮仕登朝、無可逃之名義也、而有易
匿之性情、則論臣品者亦求之心術之間而已矣、古之聖賢不以（方是解而）
家國為立名之地、其生平之所樹立者莫非至性至情之所激發（不雜學問）
焉、蓋久矣夫、下委身致主之人、必非天下循分稱職之人也、一如君
之使臣、固以禮矣、臣請為君言臣道、運迹昌明、伏處者皆有不安（事字前一層）
家食之想、然正恐以明良之遇、為富貴之門、則貪榮慕爵之念其（事字正面一層）
何以質之夙夜也、我后聖明、在廷者皆有激昂鼓舞之意、然正恐

山西

以喜氣（起）之風為功名之路則緣飾文貌之端其何以無慚幽獨也臣竊思夫臣之事君凡盡力効勞昭然示天下以共見者臣固不（頓二股用開合龍起忠字）敢不盡其分而為誠為偽隱然在一念之獨知者臣尤不敢不盡其心必也其以忠乎念臣自備員以來入承顧問僅效蒭蕘小忝猷為高深莫贊惟臣尸位久矣所恃區區此心聊報知遇于萬一耳故外之所為雖可無愧乎同官而隱微之內有一念不堪自問（漢李尋惟武傑）者臣也惕然矣進而翼主不敢言功退而省身不敢忘罪惟此精（此題）猷初心予小臣奉以朝夕焉已矣一念臣自服官以後卷阿泮奐（看稍用史事不如用經語之為醇也）惟君也慶風雨綢繆惟君也安惟臣素餐久矣所恃般般一念用

眷君恩之高厚耳故外之所行雖可求諒于主知而夙夜之際有
我微不堪自信者臣也皇然矣是非在前臣不敢異利害在後臣
不敢知惟此篤贊之悃忱于小臣矢以終身焉已矣是故位有尊
（仕宦中人毋一如此）
卑而忠則隨在可致也不然持祿養交孰不以權不我屬自怨哉
任有難易而忠則無地可逭也不然覆餗形渥孰不以時際維艱
（二股寫忠字前人未道）
自謝哉蓋上帝為民立君承以大夫卿尹位曰天位祿曰天祿原
非身家祿利之事將之以忠而後千古垂倫紀之綰儒者窮理修
身端重誠意慎獨欺曰自欺慊曰自慊原屬身心性命之務故將
之以忠而後聖賢見至性之學此萬世臣道之極則也夫

中多排句。似涉六朝六字氣習。而出以至性語。遂能使閱者一往情深。不能自已。此亦文之至者也。後二股一運化孟氏語。一運化曾氏語。却是崇禎壬午諸人所不能道。新警可傳。

臣事君以忠

康熙乙卯山西　姚炯

聖人明臣道，惟自盡其心而已。夫忠者，臣心之自盡者也。以此事君，
豈無愧於臣職哉。且人臣策仕登朝，無可逃之名義也，而有易隳之
性情，則論臣道者，亦求之心術之間而已矣。古之聖賢，不以家國為
分名之地，其生平之所樹立者，莫非至性至情之所流發累以恭人矣。
天下委身致主之人也，又非天下苟且盡職之人也。如君使以
禮矣，臣請為君言臣道也。運際昌明，伏處者皆有不安家食之想。（不得不貸西娛訴）
正恐以明良之遇為富貴之門，則貪榮慕爵之念，其何以對朝
也。我后聖明，在廷者皆有激昂鼓舞之意。然正恐以喜起之同

入科鄉墨商　大

名之路則緣飾文貌之端其詞以無慚出獨也臣竊思夫臣之
凡宣力効勞服然于天下以共見者臣固不敢不盡其……而爲誠
僞隱然作一念之獨作者臣尤不敢不盡其心必也其以忠乎
自筮員以來入承顧問從効芻蕘出參獻爲高深莫贊之臣……入
矣所恃區區此心聊報効過于涓一耳故外之所爲雖可磨勵于詞
官而隱微之內有一念不堪自問者臣也惕然矣進而鑒之不敢詡
功退而省身不敢忘權惟訓靖獻之初心乎小臣奉以朝夕隨已矣
念臣自服官而後眷阿泮與濡君也慶風雨綢繆倚畀也處惟臣素
餐久矣所恃殷殷一念用答君恩之高厚耳故外之所行雖可求諒

臣事君以忠　姚炯

於主知而夙夜之間有幾微不盡自信者臣也皇然矣是非在前三
不敢計利害在後臣不收效於惟此蹇蹇之懷恍乎小臣矢以終身焉
已矣是故位有尊卑而忠則隨在可致也不然將祿養交執不以權
不我爲自諉職任有難易而忠則無地可逭也不然漫餘形勢孰不
以時際維艱自謝非蓋帝爲民設亂爭以大夫卿尹位天之心得（比身以忠上本領做前後功）
曰天祿原非身家私利之事故將之以忠而後千古稱□以□備
者窮理修身端重誠意慎獨斯毋自欺慊曰自慊原屬身心性命
務故深之以忠而後聖賢有盡性之學以爲萬世臣道之之歟
息氣凝神遵言命意有倫有脊所言皆三代盛時臣道氣象

劍拔弩張者。殆有意汲其源而為之。故稱雅搆。

臣事君以　鍊　綱

。臣事君以忠

崇禎壬午應天 唐德亮

為臣而謀所事、惟其自盡而已、夫臣心之盡不盡、為所事者不得而致之也、而自致乃愈急矣。以忠要哉、夫子告定公曰、君言君之使、而并及臣之事。國之福也。臣之幸也。雖然、君言君之使而并及臣之事。臣之殺也。臣之恥也。為人臣者委質而來、奉身而退、原夫君之意、以為能若是而事之矣。循夫士大夫之名、亦以為能若是而事之矣、下徒以其名、而上反以其實。亦何以自安矣。君使臣以禮固也、而臣之事君者、豈曰君遇我有禮矣。何忍負之、夫君有禮而不思所以報臣。罪不勝誅、君有禮而始思所以報臣、心何可問也。我之所事者何人

豈惡習

筆意清矯洗

而徙與論施報乎豈曰惡無禮於君也何敢不共夫禮之所在而不
盡於其君驕臣不可為禮之所在而始克盡於其君庸臣久安可冒
也我所自靖者何事而乃與爭禮節乎亦唯其忠而已矣思臣所以
答朝廷之恩良亦薄也累代尊賢敬士以來臣之祖被之臣之父被
坊本去此句便直遞
之臣之身被之朝廷之所賜有加無已不貴臣以身外難致之物而
句上引入入勝
僅責以區區得自行之忠而又止責之一人止責之一事如是而匿
不以獻臣情也乎哉思君所以致臣子之效者良亦疎也累代作人
養士以來君之庠序及之君之爵祿及之君之甄勞及之朝廷之所
加事事可見不命臣以目前持贈之事而僅命以隱隱不可見之忠

而又臣之忠也聽之臣之不忠也亦聽之如是而杳不以予臣理也（可為歎息）乎哉一求濟變之畧則需臣之才思謀國之猷則需臣之智夫才智之（名語）人不可及亦正不可知但使謀事迂濶而不能動人讀書疎畧而無（況至）以應敵而有此不忍負君之意可質天王聖明無所趨亦無所避將之以忠而才智生將之以忠而才智自靡一濟則君之靈而必曰臣也任其功不濟非君之利而必曰臣不執其咎夫功罪之間何得不明亦何以遠明但使皇天后土表其廉節之心名山大川感其忠義之氣而留此不敢自欺之誠告之天下萬世無可信亦無可疑繩之以忠而功罪明繩之以忠而功罪自定一是故明君願以之為臣良臣願

與之同列天下聞其風而慕之何也爲其忠也因人之願忠而益知
臣之道宜忠也而玆幸爲君告也

繼能取徑眉山便已脫去一時葷血腊膏惡習古文所以不可不讀也。此文本以曲折見筆意坊本恣行删削盡失作者真面目矣。或謂是科作者多用血性語非不激烈竦聽然去題遠矣愚謂用血性語亦未可謂之去題遠但以是科文較之嘉靖丙辰墨及胡思泉文而細思其不同處蓋嘉靖時文多實講忠字正面而是科則多用反筆痛詆不忠之人此其所以多用血性語也蓋亦其時爲之也

林朝枸删

臣事君以忠　　唐德亮

為臣而謀所事，惟其自盡而已。夫臣心之盡不盡，為所事者不得而知之也，而自致乃愈急矣。以忠要哉，告定公曰：君言君之使而併及臣之事，國之福也，臣之幸也。然君言君之使而併及臣之事，臣之疚也，臣之耻也。為人臣者，委贄而來，奉身而退，原夫君之意，以為能若是而事之矣。循夫士大夫之名，亦以為能若是而事之矣。下徒以其名，而上反以其實，亦何以自安矣。君使臣以禮，固也；而臣之事君，豈曰君遇我有禮矣，何忍負之？夫君有禮而不思所以報，臣罪不勝誅；君有禮而始思所以報，臣心何可問也。我所事

氣甚跡古

讀之如冷水背　原評

者何人而徒與論施報乎豈曰臣無禮於君也何敢不共夫禮之所在而不盡於君驕臣不可爲禮之所在而始克盡於君態臣何可冒也我自靖者何事而乃與争禮節乎亦唯以忠而已矣思臣所以答朝廷之恩者良亦薄也承累代尊賢敬士以來臣之祖被之臣之父被之臣之身又被之朝廷之所賜有加無已不責臣以身外難致之物而僅責以區區得自行之忠而又止責之一人止責之一事如是而匿不以獻臣情也乎哉思君所以致臣子之效者良亦疎也承累代作人養士以來君之庠序及之君之爵祿及之君之刀鋸亦及之朝廷之所加事事可見不命臣以目前犒贈

之物而儆命以隱之不可見之微而又臣之忠也聽之臣之不忠也亦聽之如是而吝不以予臣理也乎哉未濟變之略則需臣才思謀國之猷則需臣智夫才智之人不可及亦正不可知但使謀事迂闊而不能動人讀書疎略而無以應敵而有此不忍負君之意可質天王明聖無所趨自無所避將之以忠而才智生將之以忠而才智自發濟則君之靈而必曰臣任其功不濟非君之利而必曰臣執其咎夫功罪之間何得不明亦何以處明但使皇天后土表其廉節之心名山大川洩其忠義之氣而留此不敢自欺之誠告之天下萬世無可信亦無可疑繩之以忠而功罪明繩之以

忠而功罪自定臣嘗繫易而懊納牖讀書而美對揚亦願表之以勵臣之忠于事君若又嘗刪詩而痛在休之息作春秋而嚴討賊之文亦願示之以愧為人臣而懷二心者而茲為君告也

秋園曰价人先生作警刻極矣而未免傷於氣此則文氣浩然如萬斛源泉隨地湧出要亦未嘗不刻摯也

（註）
國之福也左莊四　奉身而退左襄二十六義則進否則奉身而退　遇我有禮賈誼陳政事疏吾遇子有禮矣　無禮於君左文十八見無禮于其君者誅之　天王明聖韓愈拘幽操臣罪當誅兮天王明聖　君之靈左僖九其濟君之靈也　討賊胡傳隱十一賊不討辭不復而不書葬則限不除寢苫枕戈無時而終事也以此法討賊至嚴矣　懷二心戰國策亦將以媿天下後世人臣懷二心者

臣事君以忠　戚藩

者人臣之實心乎君者也夫以身事君即兼以心予之矣也豈有
一唱三日耳鶴
撰量乎今夫百其吏者百其心入主亦安得而盡察之哉所恃者
人臣糾心之法倍乎糾吏耳苟或名業爛然而中情寡實無論餘
力以私已也即殫身瘁主退思已不勝誅矣夫君尚不可簡禮于
足貽吝欲自盡忠
臣況臣乎臣自有心非君論爵而大小之也而庸臣效能必曰循
職則是一命之吏志在社稷反得踰分之譏也而委蛇者坐受良
譽矣臣各一心非合盈庭相左右之也而具臣愛力必曰共濟則
是孤篤之誠憂深厝積反來斬進之嫌也而量入者崇起哲名矣

有臣若此事君者幾人哉、則亦曰以忠而已、邪之榮懷未可為臣。功也一日而弗靖臣也維心之疚矣。時勢有不可圖者乎。禹皋伊（安社稷為悅）（忠字）旦中晚即無此數聖人此道自在天壤智而全可為身辱足以振（止大無衰亂氣）愚而不全。亦可為國恥。足以興靖獻。豈必一途要勿以君為共事（格君心之非）之君斯篤耳。主之明聖臣非能與有益也。乎德而少渝臣也職為戾階矣。感遇有輕相擇者乎。誠意正心今日即不列王廷此性自（想見程朱經筵說書時）盟學聊。幸而巷遇。可為吾勵吾貞。不幸而節成亦不可為吾將吾愛。拜揚豈有他途。要勿以事君為效乎君之事斯至耳。勸于上而（忠字被剔曲盡）後。忠則人臣必有恃忘之情篤棐之衷也激焉而益薄一朝強之將千古易之耳君子之事君也鑒言感之已未必謀之心惜硜報之可愚必求之道心與道合而才勇忘焉故不敢以恃忠傷國氣學于古而後忠則人臣必有飾忠之術媚茲之偽也文焉而益欺彼臣之迹終非此臣之心耳君子之事君也中敬不修外恭其事可以順可以犯大誠不期小信其事可以異可以同敬與誠並而（字〻播嚮皷〻心）功名寘焉故不敢以飾忠市美名牽所應盡之分止以不負君哉不負已準于報禮之量尚覺君至重而我至輕由此則有相得之彰無相遇之蹟矣

披肝瀝胆震心動魄蘊挂之性老而辣矣　俞寧世

深刻之思而出以警鍊之語讀至末幅幾于題無剩義陳以剛
以健筆達其精思故刻摯而聲光迸出謝甸男

臣事君以忠　會墨　楊成（端孝）

聖人論人臣事君之道惟盡其心而已矣蓋心之弗盡則於事君之道為有歉矣盡吾心以事君而後臣道其無愧乎想其答定公之問蓋曰君之使臣也匪徒榮之以位而已也固將望其盡心於我也臣之事君也匪徒榮其位而已也亦將盡吾心而致之君也自臣道不明於天下而世之為臣者徒知以禮望君而不知以忠自待矣豈知臣之所當自盡者惟忠也哉今夫人臣之職自一命以上孰不有君之當事乎孰不有君之當事則亦孰不有心之當盡乎使其心有一毫之不盡即非所以言忠非所以言忠即非所以事君也故為人臣

不可易

此首句說來平同連度自然伏從容入題不倚下盡文字

識脉之次非復先輩之以刪筆哉制者也

波瀾含是

古文　正說

嶺雲編　上論　嘉靖丙辰科　八會　七十五

者。要必隨其分之崇卑而欽乃攸司。務操之以不敢急遽之念。隨其任之大小而靖共爾位。惟持之以委贊其身之義。上焉而為上。為德也。吾有所知則陳焉。吾有所懷則竭焉。凡可以堯舜其君者無不盡吾媚茲之念而使吾之心可對於君而無作焉。下焉而為下。為民也。左右有民汝翼焉。宜力四方汝為焉。凡可以堯舜其民者無不竭吾代終之義而使君之心可孚於我而無愧焉。苟其分之所不當為。斯亦已矣。如其分之所在而有一毫得以自盡者。雖內忘其身外忘其位。以為之而猶懼其有遺慮也。蓋惟知地承天施之義。必孚於止敬之極而後臣職為不廢耳。而庸知其他耶。苟其我之所不宜為。斯亦

君民二義的確

狀洪摸擬之妙

明清科考墨卷集　第十四冊　卷四十一

已矣。如其義之所在。而有一事可以自盡者。雖上不負君。下不負學以圖之。而猶恐其有餘憾也。蓋惟知險承勝理之分。必至於篤棐之純。而後君命爲不孤耳。而遑恤乎其他耶。使由忠而君之遇我以禮焉。則心之盡者。固以隆報禮之重。而其忠將敦勵也。使由忠而君之禮或未至焉。則心之盡者。益以守容草之貞。而其忠無加損也。如是斯無愧於純臣之心。而亦無忝於事君之道矣。吁。使爲人臣者咸若人。君道不有賴哉。雖然。心之義豈易盡哉。要必窮之所養者。愉義而不愉利。爲己而不爲人。夫然後見道明信道篤。而心不馳於利害。而後其忠始全耳。不然。則筮仕之初。鮮不明於忠君之義者。而利害一

十句亦精

讀書真種子借大綱發揮

續雲編　上論　八拾　七十六

動有渝所守而不自知者矣故夫子義利人己之辨每對舉以為學者訓焉凡以純其心而已心純而忠在是矣意此文王之止必本於緝熙之純而夫子之事君盡禮亦自其無意無必之心為之也然則求事君之忠者必明於純心之學而後可

徐君和曰昌言之氣一往彌深可謂博而且厚矣是以表儀朝宁垂裕後昆

錢吉士曰長篇易複此文層層發意而不見其複易板此文古氣疏動而不見其板易排此文清空轉換用意不用詞而不見其排神明變化妙非一端亦大異乎嘉靖末載之為長篇者矣

尾

同文錄曰端孝先生諡莊簡二十舉庚子鄉試丙辰成進士起郎署至登八座性至孝侍朕儉約歷所至卓以誠心直道維斗其後人也先進典型聿昌厥後不可以概述哉

此等題自關國家氣運嘉靖朝以之會天下士其時世宗之馭臣也過嚴而端孝義議如此崇禎壬午以之舉應天士其時有君無臣矣而天不永臣玉鍋縕生諸君斧鑕刀鋸血淚盈盈紙上彼時也讀之骨悚至甲申而言驗矣文章之事非天津杜鵑乎

臣事君以忠

黃淳耀

聖人定臣極、唯其有可見之心而已、夫臣有心、而臣則匿之、其誰與我以克忠者、所為無忝厥事爾、今夫分職課功、而不原諸隱微之地、〔單微直刺人心〕則人盡臣也、然而人道所以不廢者、卒不恃此昭垂之大分、而恃此嚴冥之小心、則雖明明我后、無刻責臣下之私、而忠厚惻怛之志、亦可油然而生矣、蓋讀虞書而知元首股肱為一體、則自服休以至服采、而皆不可無君事、視身國事、視家之情、逑春秋而知天王宰執為一心、則自立身以及許身、而皆不可無左右乃辟承弼一人之義、蓋臣所拜自獻其身者君也、君所厚期望其臣者忠也、則亦以忠事之

黃陶菴稿　上論　崇禎辛未

而已居平議論多感憤於持祿養交之人及縹緲升朝而身白躡焉是其晏隨紳亦不如韋布之篤摯也夫我有悃愊而特之我清精白而篤之此豈取諸他人之肝膈而若是其遲迴也乎吾聞除惡若鷹鸇而交手同讎矣蓋事君如天忠臣之道然也一望古遙集則慨思乎嗟嘆唯諸之風及驤首王路而志操衰焉是大雅明哲又不如新立之行意也夫未有一日之報而先以百年養之未有手足之勞而先

自無所逃于天地之間

以心膂待之此豈加諸他人之髮膚而若是其淡漠也乎吾聞險哉有一節而隱犯無二心蓋事君如親忠臣之志然也惡在則才術生焉矣當其隱情惜已常覺今人之智遠勝古人之愚及乎臨節棄公

又覺今人之功不如古人之過無他誠與偽異也誠則不至而曰我
力肯瘁焉神明共許我哉忠在則鬼神通焉矣臣或功塞天地而一
（亦不必論報應）
念欺君則必有物焉以敗其功又或疑謗盈朝而一念敬君則必有
物焉以白其謗無他事與意殊也意則雖明而曰我君不諒焉萬世
其寬我哉言念及此則性正本清源以養其學致命遂志以盡其才
（推出以忠之夫體用此見先生盡得上台題）
異天上帝以矢其誠日星河嶽以達其氣然後可以稱天下之忠臣
（無他只）
亦無慚於後世博陸有定策之功汾陽樹再造之引而一敗于無術
（此只說讀書窮理耳）
一汗於引嫌均未可云盡忠也故鞠躬盡瘁者孔明吾識有取焉
當時儘多名作慷慨淋漓痛快激烈以先生文視之較平平無高

臣事君以忠

甲午鄉 天基 黄淳耀 蘊生

聖人定臣極，惟其有可見之心而已。夫臣有心，而臣則盡之，其謂與我，此克忠者所爲無忝厥事爾。今夫分職課功，而不原諸隱微之地，則人盡臣也。然臣道所以不隳者，卒不恃此昭著之大分，而恃此嚴翊之小心，則雖明明我后無刻責臣下之私，而忠厚悱惻之志亦可油然生矣。蓋讀虞書而知元首股肱爲一體，則自服休以至服采，皆不可無君；事視身，國事視家之情，述春秋而知天王宰輔爲一心，則自立身以及許身，皆不可無左右。乃辟弼丞一人之義，舊臣所稱自獻其身者，君也；君所厚期望其臣者，忠也。則亦以忠事之而已。居乎

從上勾所入實一步愈緊

一語洞北

議論多感憤於持祿養交之人及總攬升朝而身自擔焉是帶綬者
紳反不如韋布之篤摯也夫我有悃愊而將之我有精白而薦之也
豈取諸他人之肝膈而務遲其遲廻也乎吾聞除惡若鷹鸇而去之乎
同稐榮蓋事君如天忠臣之職然也望古遙集則慨思乎嗟嘆低詠
之風乃驕晉王路而志擇衆焉是大雅明哲反不如孤逕之銳意也
夫未有一日之難而告以年衰之未有手足之勞瘁而遽忘心憊倦
之此豈加諸他人之髮膚而若是其淡漠也乎吾聞除奸若一節而
隱犯無二心蓋事君如觀虵陵之志其忠在則才術坐焉舜當其
隱情惜己嘗覺今人之智遠勝古人之愚及乎砥節肯公天覺今人

之功不如古人之過無他誠與偽異也誠則不至而曰我力告瘁焉（寫得淋漓盡致）神明其許我哉忠在則鬼神通焉矣臣或功塞天地而一念欺君則必有物焉以敗其功又或疑謗盈朝而一念敬君則必有物焉以自其謗無他事與意殊也意則難明而曰我君不諒焉萬世豈寬我哉言念及此則惟正本清源以養其學（放膽而寫生平矣）致命遂志以盡其才異天上帝以矢其誠日星河嶽以達其氣然後可以稱天下之忠臣而無憾歟

顧見山曰、宣聖此語絕不作第二解中有確然不易意若曰事君舍忠、欲尋別法退步不得非能左右之為以也

米既庭曰名手作文即就是題設身處地故其言嚴切發出忠懇

和其思沉摯而定心甚發斯篇固先生先資之獻而亦自請之鑑也

閱先生說亦是義請節

韓慕廬曰明道嘗言修辭立其誠是修其言辭便立己之誠意乃是體當自家實事若只是修飾言辭為心只是偽也先生此文皆從誠中流出故所言皆真樸不借旁戀

壬午南闈此題純是商聲自是氣運使然所興者盧幼哲陸集生文詞少平和便無意味至秉臣玉驕竟多不祥語矣陶菴此篇前幅光明古峻全無臣道忠言格奈入後則直書所學束句更不殊文山之正氣歌存此以見文人之行顧言者

戚价人文中有句曰舉禹伊旦中晚即無此數聖人此道自在天壤對比曰誠意正心今日即不列王廷此事自盟學問初讀之務拔非常細加研審遂見語病夫聖賢何代不生朝廷之上豈不講學即如春秋之末有孔子戰國之際有孟子何得直斷之曰無此數聖又曰不列王廷今學者握管時能加慎運至此自不敢輕下一筆

[illegible]

臣事君以忠　　趙鶴翀

以心事君而臣極立矣，蓋忠也者，不欺其心而因以不欺其事者（打題內外）

也。以此事君而臣之道蓋而臣之極立，且人自委贄從王而后將

以爵祿賚主眷乎，抑以功名報王知乎。蓋嘗觀于唐虞三代之為（只虛含覓此華契手）

臣而知爵祿非所事也，即功名亦不足言也。何也，事君者有事君

之才矣，吾才本自過人而不本惻悅以自矢，則才華亦徒外見之

端。事君則又各有事君之事矣，事本不足難我而不由肫誠以相（從徵以字）

將，則事功亦為緣飾之具。顧思吾性吾情所賦于天命，謂何而傾

居官失之乎，則事君而不失其天者，非忠莫為也。正心誠意所學

于夙昔謂何而顧一出忠之乎則事君而不負所學者非忠莫屬（內外事徵）也忠在盡其力也而尤必盡其心心可以質幽獨心可以對大廷（是斷切）則始終以之矣惡在盡其心也而心寔表于道道可以隱敵決道（即切挽狀進一步落推）可以私贊襄則內外以之矣況忠又不患無才也忠之至而智慧出其中即才術出其中故古今來有不輕任事之大臣而斷無不善任事之大臣抑忠又不患無功也忠之至而天地可以格即鬼（看透全史）神可與通故古今來有不居功之大臣而斷無不可建功之大臣（不離職守繇忠字發卑）其進而任艱鉅不得謂喜事其退而戕紛更不得謂引嫌其與衆（除叙文）共成其事不得謂樹黨其一己得見其是不得謂矯異而要莫非

（八比字）忠之為也歟。以此事君而臣道盡矣。而臣極立矣。心只在事上盡。不看夫子說發其事而後其食。雖事則敬無所附麗乎此。先說有才有功。當不得忠。然後以忠貫內外。而心盡則才功俱達理真諦。雖不脫名等然[illegible]。

盧峯齋　識

臣事君以忠

臧爾心　五經

論人臣之事君惟無所欺于其心而已盖心有或欺臣道所以隱也夫子發其義曰忠而萬世之臣極于是乎明嘗謂依古以來臣道常存于宇宙豈徒謂其対颺之際能以文貌相承云爾哉夫但以文貌而已而返諸隱微之地所謂真誠懇摯者不屬焉此事君者多而天下愈以無臣也試更為公言臣事君可乎臣當自治之

盡己之謂

忠原諸得廣從出精到事君惟有是也

許所為不欺于幽獨者不緣事君始有也而本夙夜以靖獻亦遂

此推到持論精闢

如其幽獨所自盟而已臣當伏處之日所為至誠以幽獨者不事君始著也而乘素優以立朝亦不異其始恒所蓄積而已事君

何以共以忠乎將為吾君籌謀決慮以引有過人之智不足以塞

不徐剛若撰一曾

責臣之隱衷之堪自而蒙足恃哉然而貳心僻萌縱聰明有餘

心衷不　又遣又

適為自便之階是不忠而智已違其正也我觀古之純臣進不希

不尚時尚有此類人讀之一往情深

主上之知退不邀同官之譽而惟此一念之自許要其無遺憾于

欺出下而皆有至力　識此一以為千古

乃心即謀慮不必過人而隱衷罔獨至矣況乎忠之爲者智亦由

于從而外

生與之將爲吾君分猷效力以非有高世之才不足以奏功使之出

打合圓滿

念之無他而遂無歉哉然而寔意少弛縱任使易倚恐終撓于趍

避之見是不忠而才亦無足取也我觀昔之貞臣將順而非以爲

諫臣拂而非以爲犯蓋止此一心之自盡不敢少留餘恨于當宇

○說○出○下○面○才○愈○伸○句

即敵爲不必高世而矢念固無負矣況乎忠之極者才亦愈伸與

且夫臣而忠君必諒之故有時創建非常不免驚世之衆而君不

○更○是○一○般○感○應○之○理

○又○轉○得○透○

疑其專彼誠意所感乎固有素也而臣並不念此也即萬一君或

○周○公○之○事○成○王○可○見○

我疑而原諸蹇蹇匪躬之意亦何時已哉且夫臣而忠則志必自

信焉故有時議謗紛紜疑有难言之隱而後終明其故彼其忠所

○又○打○進○一○層○

固結未可解也而臣並不計及此也即萬一志莫能明而原諸盡

瘁鞠躬之懷亦何日懈哉此臣道之當然也事君者可以知矣

忠字立心處事無在不然而得于事君之者朱子謂就人上

說少處言之也提此從自治待人補足而層疊有本領忠恩固是

寔心然不外盡其職只空空一箇寔心如何了得事君且職分
不盡此寔心却寄托在何處見乃諸作皆云循分稱職不足矣
忠必有至誠愛君之心纔為忠不知已落空了况盡職豈是容
易事真箇職無不盡寔心便在裏而何待使而為二但外面完
職分上事而不寔心愛君者亦有之故須內外兼看始得推元
作看得透徹後能推到有驚世之舉而君不疑有難言之隱而
志不安忠字本來俱盡有學有識之士脫却事為只論盡心
這便是欺罔不忠了輕看稱職以爲容易這便是瀆幸塞責了
故此題須將事心合一論到極至處乃謂之忠然此非極虛常

增補□□□集　臣事君　臧

當然道理說到死節取義固不必即說得驚天動地感慨激昂亦不是無論大臣小臣難易常變總一箇忠字該了聖人之言所謂遠如天近如地也至題外生出事君如事天事君如事親等論皆屬浮詞若君使臣以禮臣自當事君以忠此对定公為君者說則可若以臣道言則君不使臣以禮臣豈可不事君以忠乎敬兩句題可于結尾補此意而此一句題儘可不用也雲份

臣事君以忠

韓孝基

盡事君之道不敢自以為忠也夫忠非人臣之所敢居也而事君以忠亦自盡其心焉耳告定公曰夫人無故而以身許人則此身已不得而有之矣無故而以身自許則此念已不得而置之矣而況臣之于君尤立身之大者乎凡其積之究圖而存之念慮者固將以是為終身焉云爾試言以臣事君之道稽手而拜賜人臣之分也而分不止此也有無所逃之大義焉又在天威咫尺之外竭力而盡能人臣之職也而職不盡此也有不敢白之隱衷焉正在寤歌匀議之餘則以忠焉耳忠非以求名也而以奉君亦非以見功也而以補過臣之

尊君也如天以秉彝自好之身進而為先資後獻之身其尊君也至（說忠字說著痛楚）
矣夫人一念稍欺無事不可以自歸而一凜以神明之有赫必精白
乃心而不敢昧此念何弗致之于君乎蓋天王皆聖明而臣下無對
菲固志之不敢安者矣臣之愛君也如父以毛裏自屬之身進而為
鞠躬盡瘁之身其愛君也至矣夫人一念少弛無處不因之解體而
一動以髮膚之難受必真摯于中而不可解此心何獨靳之于君乎（秀練）
蓋一人有笙簧而三事無夙夜亦情之難自已者矣是知無所二三
者本于天性之不足以動君而智盡能索無益也以忠者外無所私
于其黨內無所願于其家有時用智不得而用愚而君之賴以相全

者實多不敢自匿者積千精誠々不足以格君而審機觀變非福也以忠者不以明哲為保身之地不以憂虞為氣節之階有時信之不○意○更○深○遠○待而見疑而臣之所以悟君者自遠天忠朋友之義也對于大君者無不可以質諸我友則無負矣忠學問之本也慎乃在位者無不可以盟諸幽獨則真慊矣不然而報禮者毋乃輕乎

精真語和諧藹若鞠躬盡瘁語自見儒者氣象才須學也學須諧

也作者殆自命不淺日容之許妙甚吾無以加之

見不善而　一句　孫見龍

不善之勿可容也而不能者過矣甚矣不善之當退而退之當遠也乃既見之而不能焉豈不過哉嘗觀仁人在上群邪屏跡而不復有所希冀者無他惟其好之明而決之斷耳自非然者吾不為去之而簡擇流于濫于大之不決而遊伺乾易以藏奸其害有不可勝言者矣則當見賢不舉舉而不先者為無當于仁人哉人主得衆賢人以為輔而偶有一不善者存于其間即足累聖治之高深則人主舉從賢人以當國必不容有不善者雜于其中乃以服君心之衆然則夫有不善者則必退退之而必遠乃可告無過于天下矣所慮者

反側二比推想題字

未之見耳吾未定見其不善而驟焉退之安知不誤以賢為不善也

要題入一層可折洋盡　反

即果于不善而吾不能顯斥其惡彼猶得以有辭也漸而俟焉不得

點出字

疑其優柔而不決也吾未實見其不善而驟焉退之而遠之安知吾

之以為不善者天下不猶目之為賢也即果于不善而吾不能明揚

其非人猶未必深信也徐而察焉不得護為苟且而姑容也若既見

決、持、揣、度、不、能、　二比打寫全面

之矣則其退而且遠也必矣若之何而不能也哉從來人主之于小

層三句作法　他以合史以证言

人也必黜而放之始可絕其與作之心苟欲去之而姑留之則彼得

開手二一折方是透

以伺人主之喜怒察測攻之盛衰而潛謀錄用繼為君者或終不用

字寇戰他人只換得上半股意思

而見之也甚則除之也不乃使奸佞竊窺其隱微以為拒柒擂鮮能

者不足畏也則其欲誰歸也（過守情真深切）從來小人之于人止也雖身處窮巷猶
將存一覬覦之懷況若蹤之而實覓之則彼得以結左右爲黨羽樹
私人爲聲援而後貪榮起則不善者未必果進而見之也甚真驅之
也不負俠當世非議其行事以爲是依違寡斷者深足惜也則其失
容辭也謂之爲過（去山過中）不亦宜乎吾用是益嘆仁人爲不可及也

前幅將題字逐一逆翻以作波瀾後幅歸正以還題之全之華鋒
筆利流轉暢達而歸下一義皆從經史鎔鑄而出不徒以虛機驚
空了中之之肯綮百中者

見且猶不得亟

汪鴻均

君之不得於士者即一見猶然矣夫見亦無足重耳而且猶不得焉君可不致敬盡禮乎且以王公之勢而臨乎士其亦何所不得哉而何有于一見也不知此雖士之所甚輕而已為士之所甚重焉有輕此一見者則見不得不重而我有更重此一見者則見愈不不重矣彼不致敬盡禮者固不得亟見之矣以君之貴而折節下在士已出非常之遇而色笑之親又非若奔走之勞也而何以亟也以士之卑而得邀光寵在君已為禮貌之隆而親而之雅有亟折之加也而何以不得亟也見則革茅誦讀之所而千乘時

要屬賢者之盛節是以俯首以迎之當亦有所不惜且夫士之甚
而不可輕者當不唯此區區之一見也若止此區區之一見在上
有何損而何難降心以相從乎乃不意以既見之歡而其甚重
起者且猶然也見則衛門偃仰之時而屬車下貴英非處士之光
是即傴僂以承之當亦有所不辭且夫士之所甚嚴而不可苟者
不唯僕僕之亟見耳若不過僕僕之亟見在士猶不甚勞而何難
御以周旋乎乃不意以屢見之易而其甚嚴而不苟者且猶然也自
古君臣之作合往往以一見為階則此見而亟也未必非遭逢之
而竟不得也亦以為不致其敬即有輕此一見之心士固不可然

輕也令即有無關大節而僅如此一見之微者乎士猶將援此示

再托一層跌起下句愈有力

之倒耳自古草野之升庸往往以偶見而定則此亟而見也未必

契合之機而竟不得亟也亦以為不盡其禮將有不第輕于一見之

慮士固不可以輕也令即有不相厭抑而盡如此亟見之雅者乎

猶將以此而知其難耳而况得而臣之乎

中間倒影下句鈎出且猶二字後幅妙于股末托起一層次善

下句作勢也

見乎蓍龜（中庸）　劉巗

見乎蓍龜　　劉巗

幾見乎物誠而形也夫天下事既見而後知則非前知矣蓍龜乃幾之先見者知之者誰哉且寂然不動者誠也動而未形者幾也幾在有無之際聞焉以言而受命如嚮者莫甚于蓍龜然而知幾者鮮矣夫蓍人辨九筮之名而詳分掛揲奇之法龜人掌六龜之屬而眡上下左右之大蓋朕志先定于中甯卜圖以人謀而始斷明用稽疑于後見命元以畀謀而乃稽是故蓋有卦焉卦有占焉占有辭焉龜有體焉體有兆焉兆有頌焉此百姓可以與能而吾獨謂知幾者鮮何也夫無聲無臭者上天之載而維皇之意使吉凶常預動以示人沖

漠無朕者於穆之真而神物之興則幽贊于神明而立命之所以天地

（而理進出氣數樓字見字合張為中二勝從署）

間理為之綱而氣以具形上以形下者而燮氣為之運而數以生無

形以有形者而完上泰而相參也上泰而參焉也善皆以歲首而聚

生物之氣焉夫坱然充塞乎兩間者無非氣也而氣之為休為咎當

（切合說　理分先後徐出精）

乎物之至靈者見之則筮龜之氣之所觸發即天神地祇之精英也

語發出

策以陰陽而其本則二也龜以五行而其本則五也蓋皆本乾坤而

求變從之數焉夫自然推衍乎古今者無非數也而數之或從或逆

（切發說）

常乎物之至變者也則策龜之數之所燦陳即參天兩地之法象

（承氣數說　[illegible]字通前知）

也夫氣與數相合無間而理存乎其中理與氣數莫測其端而命行

乎其隱惟天命眞實無妄而蓍龜洩朕兆以昭天之明惟鬼神体
物不遺而蓍龜秉其氣機以前民之用是則蓍龜占事以知來固
不足以開物而成務然非蓍龜以存明其德必不足以極深而研幾
蓋幾微故幽非誠精於明者不能感而遂通天下之故亦符徒以前
知者術數之能則一太人占之有餘智矣而何貴乎至誠之道哉
若端倪毫末未見萌蘖蓍龜使說空空能先知此正釋氏言審
卜筮耶見蓍外者莫是野狐精首也惟吉凶之界已見只爭知之
最早此乃誠不誠之別所謂知幾其神所以人謀鬼謀百姓與能
人可聖人所以極深而研幾正是此意 自記

先人業而后見謀此史應所謂筮五遇占無不定決疑無不見其設精神未周之消以准爛之主微要深乎諸神也命之不已無聲無臭而寓之氣數見乎至靈至變之物此史鄭所謂蘊其以判然不一名中乎人也原超下先積一層見至誠前知不專恃蓍龜中後乃言蓍龜得氣數之靈變而為理之先見故理精密不漏一義

見其二子焉

方允美

見賢者以其子，明乎禮也。夫二子何知，而乃使之見子路耶？君子曰：丈人蓋教之以禮焉耳。且昔子路之于丈人也，拱立之際，若修弟子職焉。迨至入其家而主賓相待，不幾忘年齒以莫逆交乎？乃當其時，亦有肅然而拱立者，彼何人斯？夫固丈人之二子也。吾想其偕子路歸，門以外，二子竚立而俟，忽見有人焉，儼然道貌，隨其父行，行且止。已竊度其非常人，特父不命之見，不敢見也。爾乃嘉殽畢列，丈人親効盥洗，進豆觴，毋乃勞甚？吾知子路于此，必有皇然不安者。是不可無侑觴之侶，于是丈人告其子曰：旦日客從外

來劍履蕭疎殊不類風塵人物我二子生長田間未嫻禮數吾聞（高致味遙深殊非俗眼）（其用筆步步逸著長幼之節二句）
之父之齒隨行兄之齒雁行禮也爾其具衣冠出拜長者而二子
曰唯唯有間若者昆先進矣若者季後隨矣發堂進謁丈人揖子
路曰是子二子也雖少頗因以請見先生子路熟視者久見二子（子路目中二）
彬彬有禮或左或右環侍其旁乃知山林中亦有不忘遜讓者此（子共上二子曰中子路兩相映帶）
固其率之者必謹而亦其教之者有素也獨計二子之姓名何以（皓首隱者高古）
俱不傳而所傳者乃獨在相見時也或曰惟其如是是以與其父
偕隱云

下文不廢長幼之節正從此句看出過作時識冷諷便非當下

慇懃惟拈一禮字照下自有匣劍帷燈之妙而一往歷落參差。更如桃花庄上樂天居非揚塵獵騎所可到也蔡方山

是一幅桃源圖使人翛然神遠近日名家稿亦有着眼在下文長幼二句者但一味議論翻駁未免費力固不如此文用敘事

點筆墨蕭疎自然有致耳涟聞

見其二子焉　王沛恒

於賢者有加禮猶之拱立焉者也夫丈人以子路之敬已也亦加之二子之見焉相與可謂有禮哉且避世之士羨與鳥獸同群設若脫略儀節也久矣乃有一人焉雖雅非朋友之交猶曲致賓至之禮始知其家庭父子間未嘗不以名教為可樂已如丈人止子路宿而具食焉斯時也子路所心疑者丈人也方肅然就子弟之列而不敢以客禮自居然丈人所心識者子路也雖隱然負蕭德之尊而不覺其展敬已至於是使二子見焉昆弟之間或先或後而出主賓以致辭若者曰能耕矣若者曰能負薪矣是藏名蹤

此反見之所由來

生於長幼之節起來

何云不見二子

隱者

　十

遊之中丈人所遺之以安者也應變之頃交推溷叢而齋容一；（吾汾）

（何云方是可以出而仕之人）

以改容若者猶泳亦室禮樂之澤乎若者亦鄉里塾書藝之風乎

是世衰俗失之後丈人所修之於家者也當其謙食以供賓客則

（郎景生清）

奉觴豆者非二子耶使丈人而身親僕役之細故則子路必蹴踖

（何云周剝鋪久事）

而不寧惟有嗣子以偕服其勞則受其禮者亦安之也以爲分固

應爾矣談笑以永今夕則侍几席者非二子耶使丈人而平居教

（何云反用王霸自失事）

叔之無方則二子或沮怍而不適乃對尊客而威無違禮則造其

（此其語必告）

廬者亦彌敬之也以爲寔所未見也夫丈人而與子路同歸則二

（何云見字在此裝兄處轉）

子自必迎門而候隨行而入矣而又重以丈人之見之者何哉蓋

心敬丈人心識子路二句

進止必徐俟而稟命固家人之有嚴君乃周旋必慎擇而自適矣平日之無此客然則一時之再三中意不嫌其煩者尋常往來之人蓋莫能得此于丈人也噫乎一堂之上父事者有人兄事者有人所致為父執者有人長幼之間不誠彬彬乎其可觀哉惟時子（結出收目）路食於有禮之家深知丈人父子為非常人獨惜其不得聖人以為依歸也

只能認脈便都越俗乍不獨前八乃忽卻長幼之節二句略何也偏寫得丈人如此深著不黏入一髮急諷熟頌方與後文隱脈潛通格韻亦致為高秀

第十四冊　卷四十一

見其二子焉明日

沈文宗歲取進寧洋
縣學批覆第一名吳　鯤、騰蒼、

復以二子見賢者一止宿而忽爲明日矣夫丈人以二子請見此固與雞黍爲食俱在止宿時也乃未幾明日矣豈猶是止宿之一聊普聖門諸弟子與之子周流列國歷日不勞夫豈不欲有庶章耳下之以者而好爲延皇皇以終日乘誠以不能忘天下之心惟恐不知世運將轉於何日耶乃何意農家者流以父子之追隨傲飾弟之艱辛其情深於前夕者又不得不轉戕於詰朝矣丈人止也路留而繼之是陳意者欲以固家淡味挽留子路於永夕間乎然而中夜徬徨寔有不能待旦之心第恨不能轉夜而爲日耳何以

紫綠山房試草

丈人以二子請見也想二子業業於畎畝之中日出而作日入
而息父子相隨致足樂也故薪之請見者豈非欲以一家之樂
傲彼征人何無一日之稍逸抑以二子優游於膝畔之際父坐而子
立兄友而弟恭一堂之相依誠可慰也而跡之相見者寧非欲以
夫之之父隱示勞人當思永日之安居見其二子丈人之諷子路
意深矣其將何以永今夕耶吾觀白駒之留賢也曰永今朝藿直
之留客也曰客信信使丈人與二子誠有縶維之雅意當不作人
夕之雞黍雞陳已也而揖讓以將寧不相與左右承歡於累日乎
然而夜飲厭厭來卜丈人之何意而中心耿耿忽聽晨雞之[illegible]

未幾而明日矣前宵之款曲既有禮以相將豈有閒一[illegible]而[illegible]課
遂猶憐歟丈人固不若是之恝然也而弟就此日以覘望衡門之
作啓則止宿已成疇昔乎矣昨夜之慇懃既有儀以相接豈有隅
一夕而此意遂陳退與丈人又不知是之頓改也而弟擬是日為
言懷往昔之不寧則止宿已屬暫留境矣噫丈人於明日其猶得
命二子復見奉以雞黍再從而止宿乎吾知丈人未必有心於
子路子路亦難繫情於丈人由是子路行而丈人亦行矣
見其　吳
沈大宗師原評

見其二子焉

秦宗游

丈人之見子意不在見子也夫二子與子路何係而必見之哉君曰吾隱居之樂又有然也其斯爲丈人之見而已矣况來所貴乎高蹈者以其能有臻畧之行而相忘于曲謹之數也而不知正有非肰者倫其物固所以將款客之情而備其儀更所以示有家之慶是何其接見無已乎良以爲不如丈不足以抬隱焉爾如丈人止宿而殺雞爲黍也吾想此時烹之炮之亦足表東階之誼矣其在家庭之嗣續一何事晉接于凡筵一席孝寔綢繆可獎嘉賓之心矣若夫一室之管褻似無傾周旋於昔夜而孰知不爾也有二子焉從而見之或音二子賢而丈人欲以誇羨翼其泉石烟霞逃其名而炫其子丈人况不

若是之愚哉者子路賢而丈人欲以親典型與避近隨蓋前者隨而
後者荷丈人更不若是之遂然則其見二子也胡爲乎來哉吾知之
矣一想丈人之意以爲彼則何人獨無毛裏吾見負笈追隨蓋義乎失
其爲子也茲以子見之而承歡有人使知父子之樂有如此陶陶焉
寧不廢肱自逸乎而胡弗偕隱乎又以爲彼則何情繫無式穀吾見
年齒壯強蓋久矣必各有子也茲以二子見之而雁序無爽使知父
子而兼昆弟之樂又如此油油焉寧不愀然自悔乎而曷不肥遯乎
層七洗發出壽無窮
故使其見於雞黍方陳之後耶則陳饋八簋二子亦得與於酬酢之
文丈人當必前而識曰賓既醉止盍歸乎來抑使其見于雞黍既獻
之後耶則上莞下簟丈人無不嘉其服勞之勤二子又必前而初

忽忽乎乃失斯變。是皆未可知。獨所幸者夫人猶前為士之〻子

未有不恒為士者，讀書而知曲禮辟咡負劍，或同于共壹之敬，對子

路頗之其為心喜，周情所欲至也。所惡者丈人（本地風光）而今為農（對偶工妙）〻之子，未

有不恒為農者，饁餉而歌大田，候亞侯旅，錯致其五穀之識，則子路

對之其為色憂，又勢所必然也。要之見二子之心，丈人格隱之心也，

丈人亦豈常人哉。（寓懸正意）

還是丈人意中知敬禮子路，故令二子出見，記者列及此事，專理

下長幼不可廢耳。若說歸罪從遊，不如父子聚處生出許多諷刺

之意，反失一團款洽深情矣。文從摺處主輪，名文家相沿之熟，但

喜其詞氣明潔耳。仇滄柱

見其二子　之節　　張宣

知有長而令幼者見焉隱者亦明于節矣夫二子之見以幼事長之節也丈人既隱而不仕矣曷為無義而獨有節乎且吾人抱可仕之才惟樂見用于世而豈徒守其小節已耶乃隱逸者流甚無樂與斯人相見也即有時予人以可見而即繼之以不可復見焉（譏）不可見者高蹈之志而其可見者恭敬之文也如丈人止子路宿而雞黍是供亦以子路先盡其以幼事長之節也獨是子路日侍夫子于義閒之察熟而丈人則高隱有素諒亦謹守其硜硜之志節者又何知有長幼哉乃當日者命二子而來前曰爾固幼者也

決一片　甲　下天然

其出見長者維時長者在上幼者在下為之盡歡洽之情幼者在側長者在坐相與合主賓之好若此者亦欲歛挽其守義之操共堅其不仕之心徒使二子朝夕相見以終其身盡長幼之節也而孰知丈非子路意也乃子路倉皇而言邁在丈人先偕二子以潛蹤求子奉長者之命采止宿款飫而隱者之音容杳不可接即二子之情形亦渺不可追迴思前夕之父子延賓雍雍然修長幼之（描情寫景悲凉而自警策）文者固依然如昨也而今安在哉斯真隱者也惟隱故不仕惟不仕故無義而獨不思二子之殷勤請謁者固長幼之節也彼既不知有義曷為獨知有節乎彼第知二子侍側依然長幼之雍容而

亦念師弟同堂猶然長幼之畢集乎門閭之折衷風雖古而難

○上○下○[illegible]○落○[illegible]

○筆○隨

几席之追隨事近情而可樂而彼丈人者乃欲徵挽其守義之操

○應○[illegible]○[illegible]○文○瀉○動○下○文

共堅其不仕之心以使二子之朝夕相見也其于長幼之節亦益

矣

落題文精于意尤須熟于法、不掩意也、縱橫[illegible]

[illegible]編穀

見其二子焉

戊戌 張廷璐

見二子於賢農而士矣、夫賢者固當見二子、何知乎、君子以是知丈人之非農人也、蓋聞士之子恒為士、農之子恒為農、農之不習乎士、猶士之不習乎農也、乃有以農之子而欲兼習乎士者、自丈人（須伏長幼之節）之見二子于子路、始于路上也、大人農也、問農之子、則曰能負薪矣、二子農家子也、當殺雞為黍之際、二子宜任負薪之勞、（孫稷自列）問士之子、則曰能與揖矣、二子非儒家子也、當高臥止宿之時、二子難司與揖之事、乃當日者大人不以其子為勤四體分五穀之子、而引見乎名賢、即二子亦不以平日為不敏詩不說禮之人、而出見夫

論語

長者輩弟見蓬門作際以先而子後天倫之樂事遂勝勞人一篝火方

二子子路

熒見出而弟隨旅食之權迎不遺小友一意亦異矣以二子生長田

不秀

分寫處精致斐然而文氣亦極古雋

閒所見往來種作恆不多之人從來有衣冠劍佩若而人者也今夕

何夕見此偉人則田家之耳目頓開一抑子路馳驅野外所見黃髮

垂髫何處蔑有曾不意此中之賓主雍容一至此也伯兮叔兮視

下言係則野老之家風偏古一獨是丈人之自處亦幾傲矣乃處己

則傲處子則恭是丈人之本無傲于其心可知也一且丈人之待子

路亦已妙矣而始故慢之終故敬之則丈人之本不欲慢夫子路

結亦古逸

可知也一噫乎世之衰也習禮之士沒於蓬蒿放廢之餘訪其子弟

迹則農也而心則士矣丈人其流亞歟

涉去一切習見語獨注定長幼之節句於論相題有眼而文筆

更覺古雅高潔

見其二

張

○○○見其二子 之節

歲取嵩縣一等一名張星煥

隱士不知於義因其所見而引之也夫人道莫大於義耳曾是以二子爲長幼之節而遂已乎夫人果於隱矣宜子與子路之殷然哉且夫人生當斯世而止是家庭父子之娛遂足以畢乃願也則聖賢自命之人宜其盡田間以終老矣而有心斯世者獨得其人而以爲可與言止指其一節而以爲不足以盡抑又足歎矣知夫人之止子路也久既以鷄黍進矣斯時子路意中蓋曰世外之士無將無迎而猶勤勤爲敦禮節如此哉亡何丈人傳言以子侍立從容揖讓之餘一室話言之際心逸而氣閒言質而貌樸相傳有見其二子一事者雖然子路之心所暫留者日之夕也所偶接者丈人暨其二子也所眷

念不忘者夫子也山中不可以久留征途能忘其跋涉行以告也可謂有心人矣而子固知之深也若以斯世不可忘情斯人不可無與而丈人止全其爲隱者若以天地古今之大朝野君民之重不可一日去諸懷而丈人竟弁心於隱者其使之反見也又豈無心哉維時

（眉批：眨落自然如此如復）

丈人之心且以爲所偶接者子路也所眷念不忘者田疇之樂也去者或可以復來之者不可以復見至則行矣益恐其有不入耳之言而已鄰於不進情之爲矣丈人誠隱者哉子路於此將徘徊於信宿之所而嘿爲長歎乎將罷二子晉接之恩而愬然去乎將訪丈人之行踪而明示以意之所在乎吾知夫子有言夫子不自達也子路代之也吾知子路有言丈人不與聞也其家可告也曰不仕明丈人之

隱也○同不仕無義○明丈人之隱○失令共之誼也○丈人不知有義

○遇須說○有○情哉

知有長幼之節耳○抑思疇昔之夜○其揖讓從容○而一室語言○可為

其二子者○果何為也耶○是知時令人見○時不令人見者○丈人之志也

此也○過而問焉○當年曾是異人○可與有行○可與有言者○聖人之心無

窮耳○傷哉○過也○此中乃有真士○丈人亦知之否

批○落落尺幅全于折處見其冷雋○一結翛然意遠○清景難摹

文升　下論　見其　張

第十四册　卷四十一

見其二子焉

楊名時

賢者之見禮于隱士亦有拱立焉者也夫丈人亦偶而遇子路耳二
子之見胡為者彼其遇之可謂有禮矣且後世高尚者流其家人父
子雖當宴會之際猶從脫畧儀節以自寄其傲彼以為禮有所不
必拘也不知名教之中（即對長幼之節下卑）正自可樂即古之高人逸士固當以此娛賓
已如丈人止子路宿而具食焉斯時也子路所心欽者丈人也方肅
然就子弟之列而不敢以客禮自居然丈人所心識者子路也雖隱
然負蓋德之尊而不覺其展敬已甚于是使二子見焉昆季之（長幼伏豚）間或
先或後而出雖容服不必甚都而二子無慚色也丈人亦不自失也

應接之間交推相讓而前則動容皆已中禮二子固雍然也而子路
（無中生有）
亦且爽然也（情事神俱透真）談食以供賓客則奉觴豆者非二子耶使大人而身親
僕役之細故則子路必踧踖而不寧惟有二子以服其勞則受其禮
者亦安之也以為分固應爾也談笑以承令夕則侍几筵者非二子
耶使丈人而平居教敕之亡素則二子方嘻嘻而不讓乃若二子之
不愆于儀則造其廬者亦離敬之也以為賓所未見也夫丈人而與
（橫插見子更有）
子路偕歸則二子自必迎門而候揖讓而入矣而必待丈人之見之
（飛致）
者何哉豈丈人平昔之避世已深而此二子者亦遯與世絕初不得
接通賓客故耶然則今日之拱立于側聚對歡然者要以異數相待

矣。繇來之人。其得此于大人者。蓋亦鮮也。嗟乎。一堂之上。父事者有人。兄事者有人。所敬為父執者有人。長幼之間。不誠彬彬乎其可觀哉。惟時子路食于有禮之家。亦必且深嘆其父子為非常人也。

歸源。

從長幼之節二句起議論。雖是此題正脉。前輩名作何以見不到此。吾嘗謂善綴文者。會心不必在遠。只就章內大意尋出天然條理。便已迥出人思慮之外。非必出乔天而入黄泉。乃足窮奇極妙也。

見其二子　見之

歲入建寧學一名　謝誠

觀二子之見知賢者之必反見矣盖丈人固欲以二子禮子路也

○對○來○說○起○義○執○

行乎野聚賢之心動矣此反見之所為使也今夫先王制禮出處士

○出○交○際○往○來○之○禮○起○說○并○然○

之所同也交際賓禮也往來亦賓禮也禮明而情通世道大同無出

無處而天下之士途一丈人具鷄黍宿子路此特田家之饔已不足

○酉○渾○

以明禮夫禮示親厚廣家訓型子弟野而文閑約而通禮之善經也

有子而愛之愛之而不欲陋之感宿客之拱立出二子觀禮親禮人

○是○反○見○根○出○句○奇○語○處○

也有禮事也彼盖傷天下之亂而所以詠一家之治者無不至也且

○筆○墨○烟○雲○

以示田野之中未嘗不知禮之上也丈人隱者也身隱焉文今日者

以交際行禮何殷殷也蓋丈人于是始敞其從而與天下順往來之（康悍）

常天今夫禮之有交際也禮之有往来也一也聖人治天下使天下（挺筆素光四通）

少兄弟順其左等以次森容而樂群而親有道之儀以博其德

是剛士相見之禮詩曰莫往莫來使我□疚傷交道之蹟而德無型（起頌題旨先遞二筆皆古法）

也夫人雖已思乎然其見二子于子路未嘗不樂繼見以盡其雅背

之益也夫子曰夫禮與其地之家不如其施之國也與一二人行之

不如與天下行之之善也彼其罍貽謀正遊處昭禮吾黨繁然修明（敘第）

則奈何不廣之乎使子路反見之所為舉往來之禮順也（綱目）（下節已到）

情以報其交際也且牖之廣其禮于天下也夫夫子出者也士

者也其始漠不相知交動于禮不愧愿酬反復如是故曰禮明而情通無出無處而天下之士途一也

高澗肅穆無一贅語講湯許衣鉢者舌撟不下

見賢而不　一節　　王自超

即庸主之用舍而罪之各有説焉夫安有人主進賢而可曰命者則安有去不善而自居于過者且夫攬得為之權行不數見之盛事而一行舉動不能快天下之心而使人歎息必庸主也夫天下亦賢不肖而已主能斷則斷之不則亦相與置之何則賢不肖之自當其未明則賢者有恃其一日得用之理而小人亦自負一猝然可去之罪主雖憒然而禍未大烈也迨夫公道少明予奪無異昔之所望在是而令又不過如是此則正士淪喪之秋而孔壬肆志之日矣蓋下有賢士而不用有大奸而不誅古聖人亦有行之而非庸主所可學也

想勢筆異

識高一世

令人扼腕

雖奇

錯落飽滿大家

○不○讀○

有大賢者宜大用非常之賢不為聖人用而人主則不可棄且聖人
○金○史○對○此○茲○然○
則雖棄之水濱餓之窮山而皆用而庸主則爵祿之而愈棄故曰進
善務力焉一有大奸者有大材不肖之材惟為聖人用而必不肯為庸
○大○刀○巨○斧○令○人○畔○易○
主用且聖人則生之殺之而皆可用而庸主則不生不殺而愈不可
用故曰去惡務力焉一不覩儒滕之朝文法俱備招弓歲行黜降待舉
當世賢不肖未嘗眛〻也而或懷嫌疑若留餘地俯仰遍時終焉沮
○低○徊○俯○仰○　○難○為○懷○
喪矣夫知人者古帝所難而反易于庸主予奪者人主所易而反艱
于儒朝此曷故哉始嘆一賢之進與國家同其命一惡之除與宵小
同其過也人主之用賢也何嫌何疑而隱忍從事哉即曰名器當慎

矣辭祿之意所懸以待者何人也以知人傳賢主之名而以旌于飾
太平之事矣可乎吾度其事非難行也度其意非吝惜也然而不能（逼出命字）
則命也渭水有人而非熊告卜版築上簡而胥靡入夢始知祖宗眷
之而鬼神為之吾將何如哉夫賢人在下傷北門而嘆曰我命之不
猶則我命不猶耳獨奈何人主躬攬人材而亦與草野之人嘆命也
人主之除惡也何畏何忌而優游若是哉即曰宅流宜審矣孔壬之
罪大君所親見者為何似也陽以一去平天下之憤而陰以一退安
所幸之身矣可乎吾度其意非甚憒也度其權豈畏沮也然而不能
則過也禍勢始橫以激變罪正人小人方退又以調停誤君子始知

不肖壞之而君相寔成之罪又安歸哉夫小人敗國痛無良而罪曰百死之莫贖則誠百死莫贖耳獨奈何人主身秉黜陟而遂與奸回（千古同慨）分過也嗚呼亦曷慎哉

胸中別具見解不肯傍註疏為生活故其浩氣凌空自有獨往獨來之勝張顛濡墨而書旗幟同此興會　金赤蓮

大蘇公嬉笑怒罵皆成文章蓋其磊落抑塞之氣無以自鳴聊借此以消之耳世僅矜其才長非繇將知已也讀此文始不以余言為河漢　龔仲新

見賢而

○○見賢而不能　一節　吳曙

君子不決于愛惡而所見爲虛矣、夫賢與不善、豈君子而無所見乎、然見之而不能舉且退也、則反不如其不見者而已矣、且古今來用人之失、未有不以不明誤之也、然吾以明之爲害尤甚于不明、君子小人之勢已分、而用君子小人之途猶雜、是遽足爲天下患也矣、夫人之真賢有不善也、剛柔之性迥殊、邪正之形大異、處則不可比戶、而居出則不可同朝而事、此亦人之所易見也、然君子之進樂其遠、小人之斥亦樂其速、君子之進畏其遲、小人之斥亦畏其遲、不見賢則已、見果賢也、斯舉之惟恐不先也、不見不善則已、見果不善也、斯

（三字有妨）

（語似痛快、却得下節）

（似上節大、中語）

（見字須尚[illegible]）

退之惟恐不遠也而柰何不然也賢者之不遇也悠悠隱逸不得人主之一頃將人空谷者徒詠碩人也此固賢之不幸而不見也至于見焉亦不為不幸矣斯時也計惟有登之廊廟已耳而乃復遷之五年遷之十年辱君子之才而畀于賤人之位是貴之而反賤之也不善者之多詐也瑣瑣持祿惟恐名位之一失將憂臣僕者徒嘆此穀也此亦不善之幸而不見也至于見焉亦無可復幸矣斯時也計惟有援之剝虎已耳而乃復去之不忍離之不可匿羣示之名而予以近倖之勢足蹴之而反親之也其始也猶可曰吾不知其賢而不舉之也吾不知其不善而不退之也及一旦陰知其行而復有人于此

明指其何若爲君子何若爲小人則爵人刑人亦可示朝市之公而何君之不思一至此也豈其尚有所疑乎不然則將何所待矣其既也猶有曰吾及今舉之而猶未晚也吾及今退之而猶未晚也及他

假又推進一層

日小緩其期而復從而思之幾疑此彼未必爲君子此未必爲小人

此書理所必至淸而常之于想俗可見非紀不節也

則章善癉惡亦將有倒置之非而雖忽有所明亦無濟也豈其竟若而情乎不然則又何所需矣且賢者一日不舉則天下缺望而柔懦信讒或時奪于諂人之所謗則以妨賢而且以蔽賢也慢也一不善者一日不退則海內怨咨而念舊姑息苟或天下議其從前之不察則

告語痛其

前以臣蔽君而後且以君蔽臣也過也君子既有平天下之責奈何

自負其所見乎

理從而氣空遊龍縱繼在霄未足方其筆妙劉無媿

能推本暴心所以受病者言之則識論乃更高出為慢為過亦透

切矣此文初看亦似說繹繫上却只延鋪敘得上半截耳

見賢而不　能退

吳宗師科試龍溪　施　淦
李一等第一名

即舉賢而不盡其道可更觀其不能退不善矣夫能舉而後能退仁者所以不命也若不能焉則彼不善之人豈能見之而退乎且君子與小人迭為消長者也故好善不徒望其小用亦惡惡必先去其大權夫善惡不混何難進君子而黜小人乃優柔寡斷明知其為善也而登庸無間明知其為惡也而諉位猶據矣仁人之能愛惡毋亦即其退不肖一端而可見其用賢之全量乎蓋小人在位無論人君不知有賢也即知有賢而未用之先或加以不善之名與既用之後或誣以不善之實而賞在握忍弗能予使論者謂

小人不退君子無由舉也然此亦未仁者之所見則然耳夫未仁者亦何樂於舉小器庭使負才之士而有不舉之嘆哉彼容賢之臣足以保子孫黎民亦既見之真矣乃欲舉之而沮之者不知凡幾矣欲舉而先之而間之者又不知凡幾矣國家不可多得之人視為國家無足重輕之事見而不舉何異不見舉而不先何異不舉用賢若此非命而何哉當斯時也懷才抱德之士有隱伏草野已耳裹足不前已耳蓋即用賢一端見不舉不先可知其寄以股肱者妨賢之類也任以耳目者病國之徒也說者謂讒人高張賢士無名彼其君子不善在未嘗見耳烏有見之而不能退

哉而正不然且天下與賢相反者不善而已我甚不見其不善彼尚有所懼業已見之譏惡聞於道路猶高位以安之諫草遊于屬僚猶厚祿以留之眷顧少替威福日甚方且搆擠乎士類方且中傷乎有用所以人君欲用一賢或見矣而不能舉或舉矣而不能先沮尼之意自已主之怠慢之名自君受之苟非未仁胡爲見不善而不能退耶愛之非有能愛之寔則知遇雖忽給經引用之且非有能惡之真則疑貳稍致難爲削奪之加故即退亦不能遠夫仁者豈能愛惡乎

犢健爲雄頓挫入古原評

見賢而不能 一節　高宸

愛惡未極其能亦負乎所見矣夫見賢見不善似能愛惡也而究歸於命過豈可與仁人同日而語哉且是是非非之正未嘗泯於人心也旌淑別慝之權未嘗靳於當宁也以公心而攬重權宜所取舍大快人意矣乃往往人主之尊至不能行一二事者患不在不明而在不斷（不易承上）故優游姑息之說其有累乎知人之哲者不少也安得盡如仁人之能愛能惡哉（却喝起不能三字有力）今夫有容者之以人事君也則真賢也媢嫉者之敵賢禍國也則真不善也（却從不奉不退中）而君夫人所共見也莫正人不阿天子不依貴近而讜言每以日至宵人善希君旨善事左右而譽言因以日（逆挽出而見字發化又提議論亦好）

闈則忠佞相形原有易淆之流品然三公不必備官未遇其人是以姑待之盛世不乏孔壬未廉其實是以始宥之若貞邪既辨何容久紊乎官方然則賢與不善不之見焉則已矣亦既見之矣則不次之擢豈曰濫恩不測之威詎為重典若之何宜舉而未舉宜退而未退也哉

二股息脈緩受波瀾甚濶折落愈過愈有力

且夫古仁人之用人也固有及身弗用留之於後人大任未加且試以吏事者其為愛賢不謂不殷也抑有貪詐並使自喜其駕馭大度包荒常欲其並生者其惡不善卒未嘗少恕也而特非所語於此也彼草以畧舉畧退者謝天下緇衣巷伯之口而究不思以必先必遠者示一人作福作威之公吾恐舉而不先而賢終不之舉也以

疏遠之臣驟蒙賞識必有一二大臣爲之薦剡者而猶謙之志一開
讒人將從而間之或病其戇直或疑其迂疎而賢者已在可有可無
之數退而不遠不善終不之退也以權奸之臣忽加擯棄特其一
十諍臣爲之排斥者而譴訶之詬不舉小必從而護之或憫其孤
立或恩其小諒而不善遂有難罔雜卻之形夫賢者難進而易退用
之不果有褰裳去耳不善緊援以羈縲去之不可且彈冠慶矣獨惜
舉朝所想望之賢舉國所禱祠之賢明知國士而竟遇以衆人何其
悠悠乃爾也獨怪士大夫所側目之不善天下後世所追憾之不善
爲宜投畀而猶令托宇下何其優優若此也一命一遇而原其繫祇

此句于見字有着落

切見字較前一股所可

淋漓痛快

亦不

由用人之際振曰不能不能云爾夫此之不能尚知愛惡也且有愧於仁人矧夫賢與不肖丕不之見也哉

數層轉折一氣瓜注議論起伏有雷奔雲滃霆激風驅之勢蓋其反覆辨達委曲精盡竟可希風歐蘇奏劉也　荊山

條暢之文妙在意思曲折不使人一望而盡然他人亦何嘗想不到此如前半二股即時人所云其有不舉者或其未之見也一層中間二股即時文所云固有欲舉而不即舉之時究之未嘗不舉也一層耳但作者佐以書卷之氣便覺燦皇耳目可知此事尤重在根柢也　此評

見賢而　高

見賢而不能　一節

乾隆丙辰　陳兆崙

愛惡不盡其道則亦與不知愛惡者等也夫使不見賢不見不善又何暇責以命與過哉知必而道未盡仁者顧知是乎且天下有權藉不屬而是非之心必欲大白於世者此志士之自命也若其

○以下六行東○纖起上之行以合○

據得為之勢而又綜核名實能辨貞邪所以懲感並行鼓舞一世誰憚而不為哉乃猶進退無據動若掣肘君子惜焉愛人惡人仁

摘發滿紙

者之能也下此則有未仁者譏謹固人主之美德而出納之吝即伏乎其中則衣裳斧鉞藏在官司僅以孫子而守祖宗之器周章

○見○賢○處○而○後○剌○與○去○二○

亦中主之小心而牽制之私至難於自斷則巷伯緇衣徒與清議

反以匹夫而奪天子之權今夫愛人者必舉賢我不見其賢〻者

（股意自相承）

亦無憾焉天下不知已〻人非即可請絕之人苟其聰明未盡君

子亦不許以所難卒奈何見而不舉〻而不先乎蓋人君欲用一

（性膽剛多缺）

賢必有百不賢汩之故徵辟之書草創而不得就壇席之文商確

（論事綿密九齡風烈）

而不能求夫爵賞在握而忽勿能予非所以登崇俊良也今天惡

人者必退不善我不見其不善不善者亦私自尤焉昏庸雖在平

日而震怒或在崇朝苟其一鳴驚人亦惡將無所逃雖卒奈何見

而不退〻而不遠乎蓋朝廷欲斥一不善必有百不善爭之故擯

（忠憤剛內蘊）

惡聞於道路猶屈意以留之危亡迫於旦夕乃非已而去之夫苟

此可按而威不能克非所以澄清亂源也是豈知人則哲自古爲
難視聽惑而疑信半耶直謂賢者無關於緩急不善無妨於治亂
（原○性○曲○綜○以○）
焉耳嗚呼此於命矣是謂過矣推其躊躇再四之意亦或謂不次
（覺○爲○過○）
之擢親貴並疑不宥之刑妻孥聚法而不知舉一人貽百世利禍
（就○賢○不○）
一人貽天下福也且舉動之遲疾賢不賢於以觀風旨也衆人遇
（賢○對○面○指○出○利○害○）
我豪傑不許以馳驅姑息愛我背小生心於推轂遂使當世之歡
（而○也○字○撇○淸○最○）
歟闕是者以爲其舉除棄之其退心繫之則中外望治之民固未
滿志也已原其徘徊却顧之迹亦或謂漸進紛更當循資格盛王
（二層○○○○剩○筆○○○○○能○明○）
寬大不絕改圖而不知我不須臾彼無從殉我之急我不制其

命彼且將戮我之膺也且一日之用舍賢不賢於此卜消長也信

排○疊○一○段

義行於君子而恭敬未伸乃激成高蹈之執刑戮施於小人而根

透○過○一○層

株未斷仍留於孫子之朝遂使後世之憑弔興亡者以為某也忠

數歲不遷某也詐一蹶復振則調停中立之說抑又大謬也已故

曰愛惡不盡其道則亦與不知愛惡者等也

沉雄警闢曲折淋漓與王茂遠儲中子作真堪鼎峙　黃正衡

愷切詳明絕似陸宣公奏議　周玉堂

○○見賢而不　過也　焦竑

傳者於君子之舉錯深惜其知而不能決也夫見賢見不賢不可謂
不知人也而不能行之以決則無爲貴知矣傳者言之見舉錯非仁
人不可也審謂君子之持衡也舉人才而進退之何所不可而獨以
愛惡歸仁人者何哉謂仁人能決之也何時世之無材不售者惟惡
於上聞故也此之爲賢亦既見之矣即一舉以錄天下之望賢能樂
之乃帝曰見之不滿舉之不能長先衆之不能長遠其心蓋以吾知
其人當不難徐爲之計不知其幾也亦以祇疑不斷之心雖天下之
於上來聞賢士輻衍于蒸黎民能重者也此爲慢而已矣何也名器

慶曆大小題文讀本

當憫亦有迴翔而不遷進者然非所施於論定之日也謂其與己見
左也然則非仁人而欲愛人也能爭世之遺好在朝者其罷狀未白
也此之不善亦既見之矣即一決以快神人之憤時能舉之乃第曰
見之云爾退之不能焉遠退之不能焉據其以蓋以吾得其惡自不
難繼為之闢不知其弊也至以濡忍不決之意長天下之好明亦歸
好惡者而子孫黎民有利者也此為過而已矣何也人才當惜亦有
遷迴而不處者然非所施於得情之日也亦謂其與己見左也然
則非仁人而好惡人也質爭由斯以讀賞及讒人非也非溪人而怯
行賞亦非也罰及善類非也非善類而緩議罰亦非也以小[illegible]舉錯

矣。

難。稱。天下惟仁人乎所愿。

極。毫。厘。[illegible]審。[illegible]限折[illegible]。[illegible]庶[illegible]。此節。[illegible]此文

檢脈最真。文章

章句云。若以[illegible]知所[illegible]惡[illegible]而未能盡愛惡之[illegible]君子[illegible]

者以此評[illegible]其[illegible]卷[illegible]今以[illegible]

見賢而

[illegible]

慶曆大小題文讀本

見賢而不能　命也

陝西王宗師録清
鎮番衛學一名　盧生蓮

愛人而失之命仍非能愛者也夫見賢必舉々賢必先愛人之道宜然也知不能舉不能先之為命可不法能愛人之仁人哉且平天下而欲用人則克知克宅其事固急相待也以遲疑怠緩之心輕國家任人之典雖見聞所及物色所加未必非宅俊之遺意而終不能不議其後也唯仁人能愛人蓋其所愛者皆賢也而能盡仁人之能者誰哉天地生一才即備一才之用故闢門籲俊非第以矜吾藻鑑之識國家得一才必收一才之效而任官論定更不可有緩於進用之是故不見賢則已見則未有不舉者方其未見之先久矣懸爵賞

擒題緊

落題脉理很清

待天下士矣而特患其不能見也如其見也明知為國家重有賴
之士而忽輕於棄捐乎弓旌未責衡鑑之初心未慰也如此者方謂
精○密○見○賢○能○舉○意
之能見賢見則無弗舉也舉更未有不先者推其欲舉之心久矣持
車服以求天下士矣而特慮其無可舉也今而舉也既為朝廷迫相
精○密○舉○賢○能○先○意
期之事而顧有所遲迴乎干旄猶待發庸之始志未償也如此者方
謂之能舉賢矣云命哉乃猶是見賢也竟有見賢而不能舉者素無
風○流○儒○雅○耐○人○咀○味
知人之明吾亦無責也乃君子既得之中阿而纁帛猶靳之天府賢
亦何賴彼之見乎以若明若昧之心持吝惜爵祿之意在賢人即不
幽○[illegible]○筆○趣
議其愚也然而士氣已沮矣猶是舉也竟有舉而不能先者本非如

賢之主吾亦無咎也乃欲廣明揚論秀之典而藉口於三升斛卜之（入人肺腑之語）文賢何不幸而值此舉乎以欲前欲却之慮貽優柔不斷之譏彼賢士即不責其私也然而主志已驟矣非命而何平天下者尚其如仁人之能愛毋失之命而可哉

以雋筆曲取題間疑其舌底生蓮　文貴動人然有動人歡喜心者有動人悲憫心者有動人發憤心者有動人恬淡心者寫聖賢之心期則如琴上弦繪豪傑之意氣則如刀頭血隨題所宜而出之令閱者喜怒哀樂俱到則可稱絕技矣　瞿幽穀

第十四冊　卷四十二

足以有容也

二十六名　李春蕃

惟容足以臨天下而歸其量于至聖之仁焉蓋非有容不足以臨天下也仁如至聖尚不足之以寬裕溫柔者哉且天下虛衆也而不得一一能含者與之相絜則物大而我小矣又寔窄也而不得一能包者與之等量則物宏而我狹矣惟一人有保合太和之德斯雖未接一人未覩一物而其量自足以包含徧覆而有餘若是者其見洛溫柔之至聖乎至聖者臨天下者也臨天下者在乎其量量貴大而不貴小故神靈首出惟推豁達之主臨天下者在乎其度度貴宏而不貴狹故聖作物覩羣服長厚之風然則有容顧不

尚哉。而特未易遽言其足也。以天下之大也。强弱不齊矣。剛柔殊質矣。于此而見其有容。于彼而見其不足。斯亦勢之易阻也。以觀至聖則何勢之可阻也。蕩蕩乎不獨侯甸要荒咸集于在宥即極之山陬海澨、無不納之聖衷而裕如也。何也。寛而不狹者足以勝之也。裕而不廹者足以勝之也。誰謂天下大而至聖小耶。以天下之宏也。觀順者易為力。頑梗乎雖為功。于此而形其有容。于彼而形其不足。斯亦情之易隔也。以觀至聖又何情之可隔也。浩浩乎不獨東西朔南、悉歸于大度、即極丈異域遐方、無不養以聖心而咸若也。何也。温而和厚者足以致之也。柔而巽順者足以致之也孰謂天下宏而至聖狹耶吳其量真大矣以其量之大含乎物之大故夫天下甚虛容之以聖心而皆寔蓋其仁之積于中者正自流而不息也夫豈襲取于一人一物者同其或有或不有也哉是其度真宏矣以其度之宏包乎物之宏故夫天下甚寔容之以聖心而又甚虛蓋其仁之宅于中者正自感而遂通也又豈偶致于一時一事者同其或是或不足也哉有此以臨天下夫何不足之有

中落燦涉鋪排前後煩醒人心目此題樣文光少不得已而存其次議者其諒我乎 王學舒

足以有容也　其仁

戊戌　金以成

進仁、足以容天下、可進想其肫肫者焉、蓋仁之有容者、小德之於以分、而仁之肫肫者大德之所以合、而至聖至誠一仁而已矣、且自天以元為命、而人即以仁為德、仁可以一心周乎天下、亦可藏（融洽之至）天下于一心、分而致之、有其量、合而全之、有其真量、無所不遍、而真無所不徹、固非至人莫與于斯矣、如至聖之寬裕溫柔、是其仁（筆起）也、而吾謂其仁實足以容天下何也、蓋仁者聖人經綸天下之原（根膚泉源）（附手）、而即聖人所以容天下之具也、且能仁而義不流于忍、禮不失之離、智不病其鑿、故有容即以有執、即以有敬、即以有別、蓋仁者善

大科小題文編　中庸

義禮智及溥博三節與以有發貫下其如一幾穿成

之長也義禮智之無不足一其仁之無不足也一其溥博也孰窮其有容之體耶其淵泉也孰測其有容之本耶其時出而為用為言為行也孰不欲其有容之澤耶其聲名之無不溢無不及而以無不尊親也孰不仰其有容之德耶惟天以有容者大覆天下之量（落下轉疾）從至聖以有容者大臨天下之能故曰配也然而至聖有容之仁（看此二比尤覺通體警）見于臨天下者固不自臨天下始矣惟其任有固結于中而不解者（力）故溥源而出而胞與洽于羣倫惟其仁有闊浹于內而無間者（一善稀去題界分得極清晰）敍循序以推而遐邇皆其一體于是知天下之至聖天下之至誠（又醇得總訣便）也至聖之小德一至誠之大德也至聖足以有容之仁一至誠經

綸大經之仁也夫仁為天命之性則立大本惟仁而五性彰為五

（立本知化俱串入仁字內斟化地精）

教斯其仁之貫于倫紀者幾莫測所從來仁見天地之心則贊化

（總與覆切不同）

育唯仁而天道備于人事斯其仁之周于彝倫者幾莫窮其極至

肫肫乎足以辨天下之類而不至相瀆也足以聯天下之情而不

至相離也足以給天下之分統天下之合而纏綿委曲無不盡也

（挽合自然）

即不必驗之臨乎下而其足以有容者固已裕其本乎先濟其源

（題界清楚）

于始矣孰謂至誠無倚之仁非即至聖有容之仁所由萬殊而一

本者哉以仁之能容者見川流之象以仁之肫肫者見敦化之源

小德大德一仁而已矣至聖至誠一仁而已矣

以首尾作主。貫串中間。不足多也。難其貫串處。俱有至理。與毫
强紐合者迥別。操縱在我。變化隨心。而按之題緒。仍復清如列
眉。神乎技矣。　張魯璵
題緒紛挐。一線穿就。精理而運以巧法。既無補綴之痕。却有渾
成之趣。　張履安

足以有

金

足以有執也

沈琦

至聖有義之德故臨天下又能有執焉蓋臨天下不可以無執也而至聖足以有之非發強剛毅之至者豈易能之哉今夫天行健乃能亘終古而不移此天所以宰執於上而萬事萬物賴以裁成也人主法天以臨民凡所以宰制萬物役使羣動紛紜之見不生於中叢脞之擾不形於外由其體乎乾者至用乎震者決也則聰明睿知之聖人其臨天下僅足以有容而已哉又見之於能執矣彼發而奮起也强而勇決也雖未出而應天下之物而有識之士早知聖人之舉動大異尋常且剛而果敢也毅而堅忍也雖未出

歲試連城一等一名　汀州府

入闈試牘　歲試連城一等一名　汀州府

而制天下之事而明達之儒早卜帝王之心志自有定衡不可想其足以有執也耶則甚矣至聖之義德其所含者弘也在昔左相之稱湯也不嘗曰以義制事乎今至聖之臨天下有所執而不搖也其制事有邁於百王者矣夫孰得而窮其用在昔元聖之稱武也不嘗曰不敢替厥義德乎今至聖之臨天下有所執而不易也其義德有超於冢宰者矣夫孰得而罄其藏濟天下之物者存乎才才不足以濟天下則一值乎物情之紛紜而委靡不能以自定也游移不能以自主也守經而失之拘行權而失之放欲其有所執於天下不為物所撼也能乎哉而非所論於至聖之臨天下也

其審乎義者至矣洞然而不勞也擇乎義者精矣昭然而不昧也才大而出以從容自能統經權常變之理卓然常伸於群臣百姓之上而直方足以牢天下之物也成天下之事者存乎守守不足以成天下則一遇乎事機之叢脞而彼此無所適從也前後無所斷制也退卻失之於畏葸作為失之於紛更欲其有所執於天下不為事所奪也能乎哉而非所語於至聖之臨天下也其持乎義者固矣安然而恬適也得乎義者正矣自然而順應也守勝而由於暇豫自能盡設施措置之方超然常牢於天高地厚之中而貞固足以幹天下之事也此以知至聖之秉乾而御物也其義之具

引証天道暢甚

於內者素矣夫鼓之以雷霆運之以風雨人以為陰陽不拘變動無方者莫天若矣其亦知高高在上自有其不變之體運用於雷霆風雨之先乎彼至聖之酬酢萬變不失其經天緯地之宜者非其發強之德具於內者素哉此以知至聖之體元而首事也其義之蘊於心者全矣夫行之以四時生之以百物人以為陰陽順序品物咸亨者莫天若矣其亦知明明在上自有其不變之操主持於時行物生之際乎彼至聖之裁制萬彙不失其天則人事之準者非其剛毅之德蘊諸心者全哉而至聖禮與知之德又可得而言之矣

是題曆廓語百手雷同得此矯拔之筆心目俱爽

足以

沈

足以有執也

江南觀學院科入　徽州府學一名　戴　清

不待執而有可信者義德之優於性也夫臨天下貴乎有執而執當慮其不足也至聖義德之既優又何不足之有且以天下之大天下之事之繁而群然待治於一人要非游移無定者可安坐而（原制毅字）理也然使德之未優徒恃聰見以為強制其去游移者幾何惟有義以宰之則臨事而無所動者不可先事而決其有定乎至聖之發強剛毅既如是矣其本于性者無因循苟且之私縱事有疑似而心無二三也夫無二三者則有執也是其積于衷者無委靡不振之意任勢有難易而心無疑畏也夫無疑畏者則有執也然而

有執亦正難言矣素無至當不易之則以立乎未事之先十且紛務雜投而折衷無主不覺搖搖其靡定也懸乎執所以隨機順應之卅以赴乎達務之際一旦是非互呈而周章又措不勝紛紛其寡當也久懸乎執一若夫至聖則有定識矣識之定若疑似不足以惑之雖當叢處無為之時其心已有所主即使歷試諸艱而久而獨貞蓋非偶然倖中者所可冀希也抑又有定力矣力之定者判害不足以怵之雖當百為未集之日其心已有所守即使身膺多故而確乎不拔定非迫求遠效者所能從應也世固有執一必為之心以應天下者此堅僻之志先入焉以為之主也故無論事之

當為與否而一主於必為則一往無前適以遂其堅僻之初衷以是而臨天下則逆之害成將有不可轉者矣若至聖有必為之事而不設一必為之心唯是秉義以為之衡守經而合其宜行權而通其變天下見庶績咸熙之日始共嘆至聖之果決而抑知其謀無能斷而必成者早已本著性而敘如越世亦有執一必不為之心以應天下者此拘滯之見橫據焉以紐其習也故無論事之不當為與否而一紐于以不為則成見自是究以錮其拘滯之故習以是而臨天下則莫之弊積將有不易挽者矣若至聖有必不為之事而不存一必不為之心唯是憑義以為之範圍而不固

歸列生質二擬合善其理二比將意莫共矣

本題思深力厚

直省科考卷一編

亦四達而不悖天下見萬幾就理之日方群推至聖之英鋭而撫卯庸

知其拱之有其應之無方者早已全乎天而優如哉至聖之有容

以其足于義故無不足於執也

局度容與意議恢廓 原批

說理周匝注意足以二字故精實處皆成虛靈 張岳未

足以有執

足以有敬也　　尤世楠 文叔

敬以作所聖德更足於禮之中乎、蓋敬者制事制心之本也、至聖之有敬即足於禮之中、不與仁義不均裕哉、且思聖人代天出治必操乎德之聚而後馭萬事萬物而有餘、尤必極乎恭之安而後（方是見以）未遇一事一物而理無不給、蓋理待人之統、非儼恪無以凝命、更（有的真諦緊凝挺拔）非矯飾可以脩文、惟外無作而致之之勞、實有歛而深之之蘊、於以知德之盛、禮恭之自有天授也、至聖之齊莊中正、豈以敬之在是而故勉以相承哉、而其德亦有自然而成者、有嚴有翼之規、雖中材亦能、以從事而事起於跡之相勵、不必其神之自孚、瑯經（翻操縱勁以無不入有間）

幽獍嫺月無當於不鑒亦臨之純德一無畔無斁之則在明皆必

（堅○光○切○響○扃○實○盡○闢○方○字○⋮○○天○道○）

束躬以慎脩而澡其神者百密或一疎何如安其止者外方而內

直前旦明矜惕厲終未底於緝熙無間之天心而不見至誠之有

（未時出）

敬不必即見之事而理無不全不以故持之堅而體無不裕五官

（折○醒○透○骨○）

百骸之相附履蹈何窮非敬將有其物而無其則而正非謂其宜

（透○快○　英○鋒○毅○力○題○城○無○堅○妙○使○下○而○時○出○之○一○）

敬每事而為之制也靜而無靜之中方未知手足之有事於重恭

（接○便○自然○活○出○）

周旋之必閑於規矩而凝然自飭之精神不以一物未交而或弛

、其得主有常之體蓋一私之不雜嚴毅雖在寂而常伸萬理之俱

（洵○折○酣○透○）

澄[illegible]直每先幾而自立不必藉執玉捧盈以自竦而虛而有物者

足以有敬也（中庸）　尤世楠（文叔）

莊之厥夜而有餘矣盛德大業之在躬發揮何盡無敬則存其具
而亡其心而又非懲其不敬每斷而為之續也動而無動之始亦
四凱四六若抽泪之横瀉
衕夢天祖之必宜欽詠民岩之必宜顧畏而肅然如神之志氣正
萬幾未起而蚤杳夫戒慎不睹之誠蓋本天之寅畏原非遇物
而始篤其恭所性之欽明自弗寘而或漓其體無傒假黈纊聰
衡以自表而持而不敗者借其日用而常昭矣以是而言敬敬尚
有不足者乎天人之治否判於吾人謹肆之寸心至聖之兢兢矩
所謂百詩適書千歲讚
範非必迥異於習禮之家而一敬中涵者常周浹乎禮之中外亦
恕
貫注乎禮徵先覺三百三千皆繼起之因心作則而所其無逸

醴泉集　足以有　尤

光足以省

獨此無敢戲渝之神明人心之操舍爭於吾生欲放之一念至聖之抑〻準繩非必告人以由禮之意而一敬永矢者渾乎敬之執而自裕夫禮之意泯乎禮之跡而不匱其敬之神知有體無體皆此心之因物為施而湛然常惺止此罔或不欽之基命敬與仁義兼足如此變觀其有察而至聖之化不其全乎

體之大者每泄於精思骨之密者動齟於豪步茲何循其聲采

沉嗜咳而朗嚴索其義脉後條泰而葉布也良亦此中龍象矣

足以有敬　不敬　周夢麟

記至聖有敬之德、可先驗其作民敬矣、夫至聖之有敬猶仁與義之克積也、合之智而時出不窮矣、寧不足以動民之敬哉、且上與下之相懸也、亦通之以敬而已、戲豫泯而王心亢、一者既已無歎、于聖躬觀化久、而萬民以肅若自可徐徵其作觀、蓋聖德之無偽有仁義以裕于中、亦即有禮以宰于内、非然者雖智有足稱、亦焉能、意蓋化神者齊天下而動其心志乎、一如至聖之齊莊中正、此豈以民未知禮未生其共而謂我如是而積中發外焉庶幾施敬于民而民敬之哉、然而恪恭之意固有小存于齊莊者、不雜而

宜然

此獨文帶文勢

然許之擧自然肅言格好

矣懷以為身不能而持己以嚴敬之與亲俱淪者實先世而亡（原評：真俱不費力）之則震動之思又有即寓于中正者偏倚化而怠心漸消邪僻除而（時文）攝敬之并與仁共具者又先草野而樹之型由是本此（前路已將一敬字攝四端中間便可單落不複熟手）敬以度物而文理悉原于小心本此敬以揆幾而密察咸由于審（原評：串入有別密顛最合）慎至聖之有別即可見于有敬中矣不猶之足以有臨與有容有執乎哉吾見德有以裕內而溥博淵泉一敬之心默日積而不窮（原評：以敬字穿出累累珠貫）也德有以發外而出之有時一敬之旋默運行而不滯也德極其（細密）日新富有而如天如淵一敬之包舉四端而立體以達用也一人（原評：就勢滾落手法敏捷）之作肅即為萬姓之欽承王度之顯印悉致辟於之嚴翼至聖之

有欲如此而民焉有不敬者哉民豈必相深以禮教而仰觀至聖且曉然于上之自處者既不敢玩也而蚩蚩之衆何容稍弛其嚴草民豈必相習于禮儀而業有至聖其凛然于上之御下者且不忽也而揔揔之民安必自生其怠玩則至聖之由溥博淵泉而發見當可也可先于見驗之矣要之民志咸統于君心在宮未見雖在廟不聞肅肅則雖飾智濟愚而民已早窺其隱敬之所以觀乎下也而主德即以端民範志氣既已如神清明既已在躬則雖無心表異而民有以惕其志敬之所以自驗于下也而正不獨民敬之已也

倒點見字

原評收束嚴

章程一片法細詞醇○原評

以一緻統四德有上截之重規叠矩方可為下截之走馬單行○

評、持重不佻○具見研錬○澗川

足以有周

足以有敬　不敬

江寧張宗師歲入
德州府學一名　周夢麟

觀至聖有敬之德、可先驗其作民敬矣。夫至聖之有敬、猶仁與義
之充積也。合之智而時出不窮矣。亦寧不足以動民之敬哉。且夫與
下之相懸於、亦通之以敬而已。識豫恐而王心克一者、既已無歉
于聖躬。觀化久而萬民以肅者、自可徐徵其作。觀。蓋聖德之無慚
有仁義以裕于中。亦即有禮以寧于內。非然者、雖智有足稱、亦烏
化以德。儀化神者、首而下而勅其心志。乎如至聖之齊莊中正[illegible]
[illegible]
以民。孚知僕奉生其共而謂我如是而積中發外焉。庶幾施敬
于民而民敬之哉。然而儼恭之意、固有即存于齊莊者。心不離而

矣懷以修身不能而持己以嚴敬之與義俱修皆實先漸進而立
之則震動之思又有即寓于中正者偏倚化而急以漸消融除
邪穢志胥攝欲之昔與仁共具者又先草野而樹之型而是本峙
敬以度攝而文理悉原于小心木此敬以審幾而密察成而有壽
慎至聖之有別即可見于有敬中矣不獨此以有臨奭有濟
執乎哉吾見德有以裕內而溥博淵泉一敬之心所日積而不窮
也德有以發外而出之有時一敬之施所運行而不滯也德極其
日新富有而如天如淵一敬之包舉四端而立體以達用也一人
之作獻即為萬姓之欽承玉度之顯卬悉致羣黎之嚴翼至聖之

有歆如此而民焉有不欲若哉民豈必相深以禮教而仰觀至聖
在既然于上之自處若既不敢玩也而敬之之從何容稍弛其嚴
憚民豈必相習于禮儀而業有至聖且凜然于上之御下者不
敢忽也而懸懸之民安恩自生其怠玩則至聖之肅溥博淵泉而
發見當可也可先于見驗之矣要之民志咸純于君心在宮承見
（收束整嚴）
雖雖在廟不聞肅肅則雖餘智矜愚而民已早窺其隱敬之所以
貴存于上也而主德即以端民範志氣既已如神清明既已在躬
則雖無心表異而民有以惕其志敬之所以自飭于下也而正不
崇民敬之已也

 卌

章程一片法細詞醉

足以有周

足以有敬也　不敬

周夢麟

觀至聖有敬之德可先驗其作民敬矣夫至聖之有敬猶仁與義之充積也合之智而時出不窮矣寧不足以動民之敬哉且上與下之相感也亦通之以敬而已戚豫涖而王心充一者既已無斁（論語子張成）于聖躬觀化久而萬民以肅若有可象徵其作觀蓋聖德之無倫有仁義以裕于中亦即有禮以定于內（包裹容）與然者雖智有足稱亦烏能以德盛化神首胥天下而勃其心志乎（能以禮自欲用古恪行）知至聖之齊莊中正忠豈以民未如禮未生其共而謂我如是而積中發外焉庶與施敬于民而民敬之哉然而恪恭之意固有即存于齊莊者心不離而

矣懷以篤躬不能而持己以嚴敬之與義俱脩者實先斯世而立
緒○上○即○下
之則震動之思又有即寓于中正者偏倚化而怠心漸消飛御除
擒○斆
而玩志胥攝敬之并與仁并具者又先卓對而極之型由是本此
字串○下
敬以度物而文理無原于小心々此敬以審幾而密察咸由于審
情○手○補○幹
慎至聖之有別即可見于有此々中矣不猶之足以有臨與有容有
一絲穿○成○氣○○現○貫
桃乎哉吾見德有以裕內而溥博淵泉一敬之心所日積而不窮
也德有以發外而出之一時一敬之施所運行而不滯也德極其
日新富有而如天如淵一敬之包舉四端而立體以達用也一人
就○勢○滚○落○手○法○敏○捷
之作肅即為萬姓之欽承王度之顯仰悉致群黎之嚴翼至聖之

有敬如此而民焉有不敬者哉民豈必相深以禮敬而仰觀至聖
肅曉然于上之自處者此不敢玩也而實々之衷何容稍弛其嚴
憚民豈必相習于禮儀而業有至聖其凜然于上之御下者已不
致忽也而摠々之民安忍自生其怠玩則至聖之由溥博淵泉而
發見當可也可先于見驗之矣文之民志咸統于吾心在宮未見
雖々在朝不聞肅々則雖飾智矜愚而民已早窺其隱微之所以
貴存于上也而主德即以端民範志氣既已如神清明既已在躬
則雖無心表異而民有以惕其志敬之所以自驗于下也而亦不
獨民敬之已也

題苦纏積。以我馭題。擒敘字補。上斡下。舉重若輕。將尤騁六巧

辭飛鉗伏。其精術。汪巽傳

好整以暇。絕無劍拔弩張之態。侯式九

足以有

閒

足以有臨也

王奕駒

至聖有君道天之為也、蓋有臨者君人之道也、世之臨天下者多矣、而終不足以當之宜必歸于生知之至聖哉、且天生聖人固非使之居人下也、蓋將在冒乎羣生大覆乎衆物而聖人者亦既優為之而無歉矣乎洄溯之最初而原其所得于天者夫已彰彰如是而于此猶有所疑而未滿許焉是何其論聖人之過深也、何則聰明睿知而至聖能之則固生知之質也、其生而神靈弱而能言則凡其識畧之所及必有高出乎天下之上者蓋其所以由來者異而非人之所能倫也、于是聚天下之姦者蠢者而共生其間、然則至聖固有以高臨

講起句

下之數矣抑且性天實其德天錫則凡擬議之所存必有迥出乎衆

愚之先者冥其所以接之者神而并非聖之所自為也乎是率天下

之數者斂者而咸為之讋伏則奎聖又有以先臨後之數矣蓋至聖

之所以臨天下者臨之以性而實臨之以心心也者載性而行而其

縱有聰明睿知之有臨

纖纖之妙則凡一感一應皆若有神靈出入于其間而踊乎感應之

所要故一人安居于民上而謂九州之人有翅之物其聲靈必有以

相接者信之蔑乎非信之乎虛明之心而已抑臨之以理而實臨之

以氣氣也者托理而出而其變化之端則凡一屈一伸皆若有主宰

流于于其內而綏乎屈神之所之故聖人首出乎庶物而謂隱賾之

臨字□得好凡字便不煩挑剔

鼓歟變之方其感者必有以相攝者必之數乎亦必之于粹精之氣
而已蓋全聖之所以臨者實不過高人一等先人一籌而視至聖之
所臨者已盡屈其千夫之英萬人之傑故曰足以有臨也後之伯王

旁通曲引皆能托醒有臨之義

不必盡由學問而以語他人皆有所不能者者此即所謂天命而已
世之儁伯不必曼絕等夷而十人之長亦須識過十人者此亦所謂

筆意古藝

君道而已若夫天生烝民使司牧之八荒洞然皆在吾闥必將盡有
臨之景語足臨之實非至聖其孰能與于斯哉

思致精深義論英偉筆力銳健詞秀高卓爾時風尚卑靡此類題
尤易沾染習氣作者能自振拔脫盡窠臼若追天家風範故是三

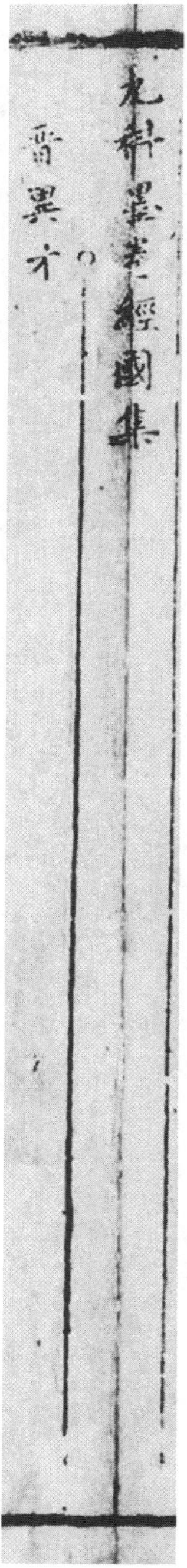
本科墨卷經國集
晋巽才

足以有臨也

伍斯璜

以一人而臨天下必天下之一人也、甚矣臨天下者莫如至聖也、其足以有臨非其生知之質、有遠過于天下者乎且一人之應運而興也豈偶然乎必有獨優于天下者而後天下之物皆紐必有獨高于天下者而後天下之物皆畀彼其位雖得于臣民推戴之後而其質已裕于洪鈞賦予之初至聖之聰明睿知如此天下猶有過於其質者乎不能過俯而就之矣而至聖之敦敏性成固已超然而獨遠天下猶有及于其質者乎不能及仰而企之矣而至聖之神靈天縱固已巍然而獨隆則由是以撫萬物萬物非無識

（晴○承）（收出足字意）（敏○妙）（股○貼○上○文）

力也有至聖而識力自靡萬物非無智謀有至聖而智謀自周其俯首而下心者咸切聖明之戴曰此天授非人力也則由是以

包衆許多帝王[illegible]內史學之優

馭群倫群倫非無耳目也有至聖而耳目盡愚群倫非無心思也有至聖而心思盡鈍其禀令而承教者咸發我后之恩同聖天子自有真也其為有臨寘顧問載人情易争臨之以出震之權而天下之争心以息凡所為定天下之業成天下之務者秉權以臨之

對○更○切○

自足以坐理而無難物生必蒙臨之以總離之炤而天下之屯蒙以啓凡所為開天下之物通天下之志者秉照以臨之自足以旁燭而無外此無俟秉叢猬披寸方臨之會信之也至聖之有臨固

二比專敘泛○以而切定有臨

早有以作覩乎萬物即尺土未啓一民未涖而所賦既優天下即以知神器之有屬此不待治定功成下既臨之日决之也至聖之（如舜之陶漁而成邑成都）有臨又早有以首出乎群倫雖退居侯服退處藩封而秉彝既厚（此如元之初為燕侯而諸侯歸服）（切定）天下即以知方極之非誣在開創之至非不奮發以底太平然臨（生質）之以勞來若臨之以逸者優優乎有餘于天下之鉅力也即守文之君皆思振作以幾上理然臨之以勉執若臨之以安者慨慨乎有慶越乎天下之弘量也此是以有臨必歸之天下至聖也況其德尤有倫焉者乎

切定生質註有臨切定有臨註足有絕無一寬泛語弟惠中

一往凌厲峭逸妙能緊貼聰明睿智生解不是有臨大帽頭後攝識解名通不泥定天子身上說尤自來名作所未有　魏星渠

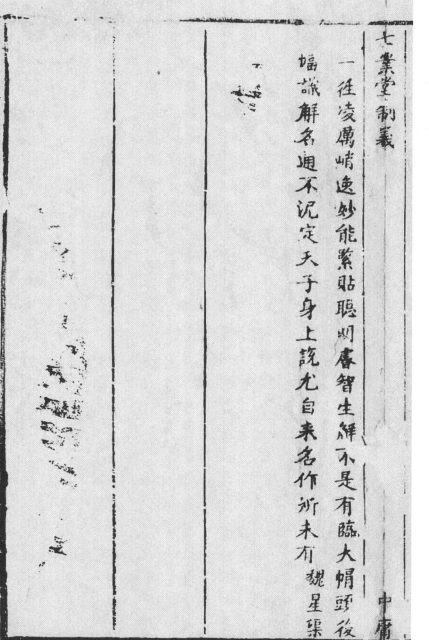

足以有臨也

陳祖法

有不以君天下為難者、優於天故也、夫臨天下非以其名也、盡其事之為難·然得於天者獨優、則亦奚難之有○且天生烝民一·而已段○臨字講○

起

而忽寵之以非常之事○必非常人之克任也明矣○夫常人之所以異於非常之人者○不異之於理而異之於氣○異之於氣○而因異之於材○故即此賦畀之清濁通塞○而識者已卜天意之有歸焉耳○吾因至聖之聰明睿知思之、萬物同出於兩儀○乃舉世皆得其濁而○一人獨得其清○天已隱然以萬物之命付之矣○何也○濁不可以治清○而清可以治濁○理固然也○羣生受形於二五○乃衆人每多所塞○

足○乎○哉○貴○

而一人各極其通人亦恬然以君師之事讓之矣何也通有以理
塞而塞無以理通勢又然也且天下亦知治之〻所以難乎品物（鐵筆有力）
（忽下四股）
于是乎托命庶務于是乎質成觀聽貴賤表率于是乎歸彼此異
同壅蔽于是乎出夫審品物之所以遂庶務之所以成所以表率
之道所以祛蔽之方吾不知天下之暗濁者能之乎抑天下之精（看出以盡天手）
明者能之乎凡因其不遂而有以使之遂因其不成而有以决其
成表率之無不恪壅蔽之無不祛吾不知當塗之濁之至而至於
塞者乎抑當塗之清之至而無不通者乎試有臨之者於此一則（再提）
因物而即識其所以遂因事而即識其所以成表率則識其道祛

蔽則識其方天下凜凜焉震君師父母之名而克赴乎其實一則擬其遂之之事而究不知其所以遂微其成之之方而究不知其所以成不知表率之何以恪不知壅蔽之何以袪已心憤憤焉昧父母君師之實而甚愧乎其名非人力之倦勤異也非治具之有得有不得也此其勝任不勝任之故誠有居乎人力之先立乎治

跌宕頓挫純乎蘇文

具之表而不可以强而同也嘗觀英雄奮起身尚儕乎庸賤而一

實發揚剛毅知臨之深服

時之輿情物志遂已鼓舞以相赴凡威權勢力初一無可攝也蓋其英明豁達之氣實有以振動乎一世於是聾瞽者不得不藉其耳目庸鈍者不得不賴其心思而可以神靈洵達之姿而有不歸

精至聖

心於者出然或當豪傑並興事來分乎成敗而此日之賢人智士早也擇才以自試乃讖緯術數一無所借也蓋其機變英數之用實有以高出乎一時于是稍有聰明不得不共效其耳目苟有睿知不得不各獻其心思況乎以天縱非常之質而反無以屈服羣材然夫春氣如神斯義理昭著所以君國子民之德無不全也故

曰足也

有臨緊靠聰明睿知講出行文方無落空之患借漢祖唐宗實事托高至聖氣象開拓而義理實精密也雖奇雄偉早為己卯南墨開先

足食足兵　一節　王庭

國有大經而政備矣夫兵食計之大也而信爲本言政者烏可不
脩乎若謂國家有常與變者勢也無常與變者理也理之至者爲
運括
能制勢之常變而可久則其上下間皆有所恃而相維之用以見
焉踹鬪政乎政必以經濟爲務不謂時事可緩也使迂蹤見笑於
富强則儒者將冒有體無用之誚政尤以道德爲本不惟權宜是
勝也使治理未發於純茂則雖伯將有異名同實之歸故一在足
辭義高遠　典則
食焉生財止有此數則上富國下富民計必無兩全矣乃什一之
筆意其綱
餘可考而輕斂者得民愈多則公私不至於交困其說自在井田

也一在足兵焉止光義有所取則一講武一修文事必有偏廢矣
乃蒐狩之制可詳而學饗者作民愈奮則徵發無取乎過煩其說
落〻峰立〻比東上起下筆〃峭勁
自在軍政也蓋條法莫如周官至近世總之有爵塞之慮則當足
而為之豫防道固有所不可易而壞法實由徇政至今日而彰〻
有變易之規則求足而病其苟且紛又不可無其原故一在民信
峻〻秀削
之焉民信上之寬不信上之文教警譆日出而不諭也立軌物之
宗則信之有本矣民信上之心兼信上之法故督責可畏而不親
也養忠孝之原則信之有素矣然則食也兵也信也何一非政哉
英光朗練氣象自多
經濟起於上雖未可速求其效而一日之防必嚴風俗美於下則

於以樂觀其成而有年之化可待此政之大焉者也

本註倉廩實三句似民信在足食足兵後程子又謂信本民所固有非兵食所得而先看下文民無信不立句可見文則兩層理解俱說得周匝圓足而議論筆力亦都自經訓中千鍊百鍊得來正可為寒儉之膏歟膚庸之藥石也

足食　王

足食

一歲試一等二名 閩縣學 方壯猷

以井田之政示賢者足食其首務也夫民以食爲天也井田之政行而民得所養矣食有不足乎哉且畫野始於軒轅而三代之言田制者祖之夫亦曰藏富者裕民之本王政以是爲首圖焉故九穀爲三農之利其道在生八政開六典之先肇端惟食自後世本圖弗務而懸罄堪虞其亦未知井養之所以不窮也賜問政夫政在養民食其一也閭閻之旦晚恒與廟廊之宵旰爲盈虛繪景物於豳風順歲功於月令所貴率作興事屢省乃成而北徙蒐夫省以省耕之典稼穡之怠勤每與當宁之精神相消長深太平而既

啐念無逸而知依固必物土之宜以布其利而豈僅循夫春祈秋報之文政在有以足之焉是則井田之政不可不講也顧食有足之在公者有足之在私者里宰勤合耦之鋤帝藉之收神倉自裕無煩履畝而議增也夫維耦興嗟大田載咏吾知頒十二土之宜酌三十年之制而內府外府之藏藉以度支而不匱其園廛之斂漆林之征更無論已所以足在常祭祀匪頒各有定式足在變饑牲玉帛無慮徵求雖節用之朝時懷珍惜而公田之所入者充矣此則足之在公者也田畯饗農夫之旨耕耨之趣自獲逢年何至草驕而無佃也夫土物之愛既富之資吾知課萬井之桑麻聯百

姓之親睦而相友相助之風賴以維持於不墜凡秉穗之遺倉箱之積更可知已所以足見於同井椒馨可爲胡考之寧足見於一鄉笙飲亦備賓興之燕縱勤儉之俗亦厪鄰艱而私田之所儲者素矣此則足之在私者也其在後人國將務贏餘而田野仍其荒棄矣恐無年頻告出糶屢書暑雨祁寒庚癸之呼不免資糧靡屨悉索之賦難供民日敝而國日貧急目前者將徒上救荒之策其在先王深衷期樂利而經畫悉見良規當夫良耜興歌載芟誌美遂行之橐橐亦可貯夫餱糧誓衆之芻茭亦豫儲夫郊遂源有開而流有節覘治理者知非開阡陌之謀食之足於井田如是然而

擇雅初編

因田制賦因賦出車兵又於是乎寓焉矣

能以議論行其詞藻壁壘一新

新

新

新

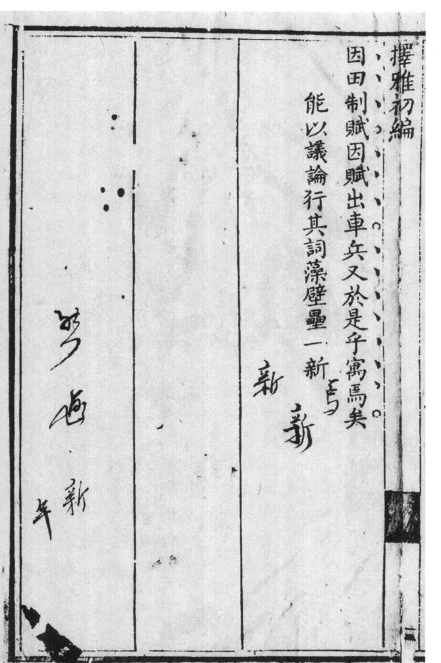

足食足兵　三句　　左總儒

聖人明王道之常經備舉之而政全矣夫兵食與信皆所以為民惟舉其備而政在是矣謂非王道之常經乎今夫時值隆平而欲圖久安長治之業則惟取王道之大備以謀厥成也顧以張國勢而比閭沐朝廷之賜隱以固人心而君父致臣子之情故體生民

四語經切警練

之意以答立君之心于以綱紀四方而維其基于不拔斯治道得焉蓋國之有政凡以為民也一人各欲厚其生而又避于偽故民力民志必敎用之以善其經猷人不能禁其欲而未嘗愛其情故民身民心惟兼理之以持其運會是故以相養則有食相物土而布

其利體井養而制其宜足之所當先也以相衛則有兵壯國威而
防其患修軍實而固其圉足之所宜急也至若漸摩人心以成風
俗應期會而非承以貌對君親而相遇于天民之信之其可忽乎
哉此以見民之大可用而王道宜乘時以有為也且夫兵食與信
義發人所未發先言合一服是實講　分合二比
敵其法者多出乎分而酌其當者必出乎合夫食不寓兵徒御
食而更欲議信于其外斯其事錯出而滋擾矣聖王知之井收修
而力穡者即可以講武蒐苗獮而授戈馬即可以服田至于同井
致公田之祝出車急王事之勞而課農詰戎亦即用以觀忠孝夫
而後食不至于寡兵不至于驕即信亦非別行其要結也蓋以合

之者治之而綱維乎以可大已然而兵食與信存乎民者雖出于（時也古之）

（分是本題王意）

合而理自上者仍出于分夫食不能養兵徒以虧食而欲強行

信于其中斯其事雖然而難理矣聖王知之養民于生聚之途而

（總發亦各有至義）

重農非以料民寓軍于四時之田而訓武不以病農至于四時易

而庠序攸建正羨舉而忠義聿興而家殷士奮更為之行其教化

夫而後食不憂乎匱兵不虞夫冗即信亦非強取其性情也蓋以

分之者治之而規模于以可久已治必規于正大而後見盛時之

規畫生聚教訓之謀伯國亦以就其功而政令或至興害氣盬聾

（如此方是王道）

亦致瀲疑心蓋雜用之以流為苟且不若正用之以善其張施也

事必圖其萬全而後見治道之充脩兵農禮樂之任吾黨亦欲行其志而經國僅免于貧弱化民未一其道德盖偏擧之而止爲小就不若全擧之而成其大業也此則王道之常經也

三者有分有合方可議去議晉文雖先點題而後以四比總發寔能發出所以足之信之之故籌畫悉見周詳竟可坐言起行不是老生常談　寔菴

足食足

五

足食

任以治

聖人為問政者言食、王道之始也、蓋王道之及於民者不一端、而食其首務也、不有以足之、天下其謂司牧何、夫子告子貢以為子問政乎、夫政以為民、而莫急於日用之間、古昔聖王子惠元元、無一夫不安其利而樂其生、蓋非無道以處此也、吾試與子論食、嘉禾之始、榮落同於草木、則食待人播種之初、阻飢見於黎民、則民待食、上古艱鮮並奏、食不僅粒米之需、則其途寬、後世稼穡獨行、食已遠茹毛之陋、則其途隘、於此而不謀所以足之、可乎哉、且夫食之所以能足者在勤、勤亦在因民、勤民之治、天子條乂乳殿己飢已渴殫精神於耒耜衡漢之間其順時序也寒暑得其節其物（義簡而括）土宜也原隰得其辨其勤勸課也種斂得其方至於歲時伏臘烹羊炮羔則馨香且休於胡考也而食之在士女者可知矣（氣度雅密更妙与信字關照）因民之術百姓畎畝自安賢君賢相又涵煦於休養生息之途田有封洫則循其疆理之舊民有作息則還其旦晚之常耕有餉饁則完其室家之樂惟時民伸其野三務成功則貢賦且達於天朝也而食之在閭里者可知矣然則將沾沾焉曰議其足乎非也恭儉之君雖鏤必戒其視穎栗秬秠直以為田家不易得之供究之視食過（以淺見深語歸御湊文）重數倍而後勞將有饗爵進輸粟之謀者是足在下而不足將在

上也故重粟貴農有虛名反無實惠然則將嘿嘿焉置食弗討乎

又非也盛隆之世紅朽相因其視黍稷稻粱不過為尋常無足異

之物卒之視食過輕數年而後弊即有黷武耗左藏之貯者是既（漢武末年見之已）

（周禮所以立司會以下五歲）

不足於上又安望其能足於下也故出入多寡嚴綜覈乃普慈仁

暢於此益加之意乎

龍鸞振采雲日布景自是臺閣氣象　英熙齋師

選六經之芳液羅全史之菁英入面圓十分暢　湯敦甫

子遜靈奇之作梅村典雅之章幾於黃鶴樓頭矣醇古之音洵

足以振　受業仕斌識

第十四册　卷四十二

足兵

甲辰　江源

國不可以無備、故又有足兵之政焉、夫兵所以衛也、此而不足曷以國哉、嘗考虞書九官並設、而兵不聞有專官、周禮六典分司、而兵已列于政典、義去古愈遠、則言兵愈詳、享太平而忘武備、豈計之得哉（古今兵賦源流云）、是故足食之外、又在足兵、顧吾思之、先王無人而不教之兵（義桑落）、故五人為伍、以上無非國家正卒也、後世別其人而兵之、而干城腹心、專責于士農工賈之外、則兵以寡而不足、先王又不盡人而用之兵、故家出一人以外、無非國家羨卒也、後世竭其人而兵之、而披堅執銳、波及于老弱疲憊之民、則兵以雜而不足、夫兵不

新科小題洪鈞　論語　浙江

氣勢激岸不群

自足也有所以足之也將使臨事圖之而備乃弓矢鍛乃戈矛礪
乃鋒刃則已晚也古之人存有備無患之心而足之于訓練比年
而簡車三年而簡徒其選擇固已精矣而又中春振旅中夏茇舍

惟拓言之以盡足字之蘊

中秋治兵中冬大閱凡教其進退疾徐之節而辨其金鼓鐲鐃之
用者無不詳且盡也故有制之兵可靜而亦可動將使平時養之
而峙乃糗糧峙乃楨榦峙乃芻茭則又費也古之人觀地中有水
之象而足之于井田居則為六官之鄉出則為六鄉之長其文武

對處工力秀密

罔不分矣而又九夫為井四井為邑四邑為邱四邱為甸凡出長
轂戎馬之賦而備甲士步卒之數者無一取諸官也故鄉遂之兵

有利而無有害吾觀伯國之強兵也作內政以寄軍令作三行以蒐被廬究之雖有節制不敵仁義以是知用陰謀不如先王制也夫大國三軍次國二軍小國一軍先王原有範圍不過之則但使適其法而不變而上足以敵王愾下足以戒不虞又何藉乎雜伯雜術為哉吾觀弱國之增兵也稅畝不足而作邱甲邱甲不足而用田賦究之私家有兵公家無兵以是知竊民力不如一主權也夫軍將皆命卿師帥皆大夫卒長皆上士先王原有備楷相使之形似使令雖行而不反而京師有重兵之寄閫外無擅兵之驕久何至于積弱難振也哉或曰兵凶器也以好道民之得無有不心

二比樸切明事詳論少為討欸

讀書有識之論

唐駁府兵而重

源頭遠成積弱之勢

競而力爭者然而大司徒教中教恤原並行于蒐苗獮狩之內則足兵者又孰非民信之一端哉

上下千古于兵制源流利弊無不洞徹胸中具有武庫所得不指揮如意耶　張令浩

足聖賢作用不是孫吳兵法一足字為寫得前後左右中邊俱徹卻無一字不有根據讀書貴具眼正不得以撏撦為工　張鳳

談

足兵

江

足食

江西翁宗師歲 入臨江府三名 李如桂

食為政本當思所以足之也蓋食不足則無以裕措置之原矣此夫子為子貢首計之欤且自艱鮮既奏而含哺鼓腹天下共慶其盈寧休哉何治之隆欤迄于今亦猶是先德先疇藉以休養則身操政柄正得即資生之具以成其豫泰豐亨之象而已子問政曾亦知政之所當急者乎治不一端而六府之修穀亦同于水火則積儲在倉廩當不忘三年九年之餘國有大體而八政之齊食亦詳于司牧則撫馭在饔飧能不為盈止盈寧之計也云食也其足之宜黍稷種稑之資枕關甚切倘倉箱告匱將彼也呼庚癸此也

（青辟實康報遠到不滯已一佈）

（饑食字立言有著）

致尸饔食之寡安見人之良乎惟有以足之斯膠其豐美饒其膏腴富國之休徵固已陳陳相繼也夫寧致左支而右詘欲菽麥稻粱之類利賴攸涊尚取携未便將居者無積倉之備行者多千里之憂國之貧安見政之善乎惟有以足之斯以資糗糧以和酒醴豐饒之景象不啻穰穰滿家也夫誰不引養而引恬欲是豈必委貨乎地而後謂之足乎但令上陳貴粟之書下聽議生之諮而曰用所需取諸室而皆裕則一國之豐盈已足養和平之福而何寧憂貧抑豈必裹食乎人而後可以足乎但令樂粒米于狼戾慶京坻乎詩歌而朝夕所賴普其利而皆宜則一國之饜飫已足昭邵

治之經而馭安有術蓋政宜善俗豈惟二鬴之無虞而食以厚生。尤在當務之為急。然以足兵而民焉有不信者乎。

簡鍊名貴。原評

不見多為搬運而點綴風華。自然大雅。秀潤輕圓。自是逢時利器。

四川陳宗師歲入臨水縣學一名　李祚延

足兵

政有與食俱足者、而武備修矣、夫國不可以忘武備也、足兵之政
所為即繼於足食與、在昔先王計及於足食、而耒耜之利、此乃又
制為弧矢以威之、非先王猶不免有競心、故為是擾擾也、良以食
之外惟兵、兵兵之足不後於食之足也、蓋先王之世、車賦寔出於非
田、干戈皆衛其囊橐、五材並用、器既不能有言而無由、百室方盈
（領、局、堅、政）
治、尤難以習耕而忘戰、則說在足兵、兵領一觀於今之足兵、者而不
勝大或也、聞軍書而較盈絀、則軍書未警、要皆委地之時、從此搶
攘有兵安樂無兵矣、入武庫而閱精良、則武庫所儲、不過公家之

博侯有力

物從此官府有兵邪何無兵矣是何怪終於不足哉吾謂無事者正有事之圖在野者亦在官之蓄不必遷言戈之止不必遷言劍之脫不必遷言弓矢櫜不必遷言車甲鮭必且足其陳兵之具而

視之指陳英氣爽奮

鼓鐃旗物各有專司所謂衣戰聲相聞晝戰目相視者有一具之未備非足也必且足其用兵之人而伍而卒旅不煩外索所謂入則隸司徒出則從司馬者有一人之未集非足也必且足其治兵之期而春蒐夏苗秋獮冬狩皆於農隙以講事苟講之而無期者足猶雖恃其足也必且足其觀兵之法而六伐七伐六步七步皆

堅足一段

欲明恥以教戰苟教之而無法者足亦莫保其足也可以暇可以

與○入○手○相○配

猝而有事無事其足兵之道從同可以公可以私而在野在官其足兵之衆惟一偕朋儕以守望則足兵之政既小試於田間率王命以與師師則足兵之政更伸威於境外此足兵之大較也夫小戎

餘波澹○宕

賦自西秦矣師子授諸荊楚矣鄭之惰師猶閒作好於旋抽衛有賢侯用戒不虞於戎作矣寧至吾儒為政獨能廢兵乎蓋兵必與食俱足而後教化之行亦曰可俟也

綱擧目張中有一部周禮○天生五材誰能去兵ゝ指器言後遂以執兵之人為兵耳文以陳兵之具為主而用兵之人治兵之期觀兵之法都不將兵字竟作人說先輩云讀書須畧識字

義。頗以是為粗心人進一箴也。

足兵

足食足兵民信之矣

吳青崖

論為政之常倫著其不易者而已盖食與兵足而民信其常也倫著之政豈有易于此哉且聚億萬姓之身家與億萬姓之性情咸于上乎賴之上之人不早為之所而使之相養以生相守以老相維以不援亦無為貴政矣然則所謂政者何如乎政以圖之于無形者為本（以信翻出兵食）則教詩說禮原視綜核名實而信重然貧弱之患未泯而偎云教化則迂矣故富強雖俗而未可厭也政以治之于可見者為急（以兵食翻出信）則務農講武較之空談文德而更要然忠孝之風寂如而徒循近功則淺矣故禮樂雖賒而烏容畧也今夫食為民天兵為民衛信為民本豈泚

至切而不可易者哉顧古今之變莫大乎名至而實不至太史屢書
（撇翻一段勢如疾風捲浪）
大有而閭井之蕭條自若也四方日奏治安而烽燧之頻驚自若也
遐邇共飭尊親而隱微之難問自若也審如是草野何由而受朝廷
之賜君上何由而致臣子之心哉惟有政以足之未有食而開其源
（簡淨）
既有食而節其流爾日之民應無不室盈而婦寧矣寧有以二餔不
（帶近信）
給喪其天良者乎兵未動而養其氣兵將動而奮其威爾日之民應
無不同澤而偕作矣寧有以危亡莫保擾其寤寐者乎夫乃可以觀
（補出教化行意工夫效驗俱見）
信矣一生聚教訓之先上之施信於民者原不以兵食有歉而弛達學
明倫之事重農修備之際民之效信于上者即在此兵食同感而將

纏綿固結之悰無疑情也無欺志也民生其間真有可治而不可亂
可合而不可離者矣吾于是而知政之貴審其真也井田蒐狩之弗
是純王之道是
聖賢之業
講肄家習耕戰何關上理漸仁摩義之無聞縱比户謳祝祇屬驩虞
故數者襲其迹皆粗安之霸術而遺其精乃經久之王道也吾于是
而知政之無取乎分也高性命而薄事功貧寡之甚弊中于清虚崇
實效而輕禮教苟且之為患生于不測故數者得其偏僅補救于目
前而會其全遂永賴于萬世也為政之道舍三者其何以乎
說來都是王者大道絶無一毫覇氣雅飭整暇制義中金科玉律
也

足食

下論

足食足兵民信之矣

江蘇鄧學院科試　吳寧諤
山陽縣學一名

政有常經其所以為民者備矣夫兵食者民之命也足焉而教化可興而民信亦因之矣子故為子貢備舉之乎今夫為政者離經濬而言仁義則仁義亦屬迂談舍禮讓而事富強則富強要歸襍霸故古之善為政者有各盡之道焉有相因之理焉要使有所恃以自固而有所要以可久則政之經舉矣何則政以為民也民貧不可以袪民弱不可以守上雖有所深望於民而欲進之三代之隆偕之大道之內而皇然不足之患且不可以終日則食與兵烏可不議足哉今夫天下非小弱也食可以供而兵可以衛也大同

提○句○直○貫○章○本

特識○一波跌起○兩足字文氣踈○宕

之世户有蓋藏至治之時士胥材武不得謂君子不計財而學士不言兵也要在上之人有以足之耳誠使九職是任而下無游惰之民九式是節而上無非分之耗大司徒之所掌務以開其源而節其流則歲之豐歉有不同而國與民無不足矣蒐苗獮狩即寓訓練之方克詰戎兵必盡堅利之用大司馬之所掌務以絕其玩而鼓其氣雖事之變故不可知而戰與守無不足矣君子為政所

順流而下一派渾古之氣

以厚民生而脩民衛者固如此當斯時也既富之民可以為方穀之資而有勇之人乃得盡知方之略其始也三物有訓入刑有糾

補也

是王者之教不緩於務農講武之後其繼也祈年而蒐苗有嘆出

其為憂勞有什是王者之化即在於重農修備之中特恐民生
於武備未飭而未必其咸喻耳速夫俯仰裕矣武事整矣烹葵剝（兵戰次勢以昧落信之）
棗即有躋堂稱壽之心載纘其同固致私豵獻豜之樂而民於是（剴至）
有固志無離心也蓋施之於兵食之先得之於既足之後而政為（恰覺頗到）
之觀厥成矣民信之矣二不敢以仁義博虛美之名不敢以高疆收（不落三代以後語）
淺近之莫阜民衛國皆為王政所必周而後納之以軌物故君民
一體之誼乃以久道而成於此見兵食與信有各盡之道焉以力
田訓武開教化之始以禮義廉恥持當疆之終陳綱立紀即為精
意之所存而點予之以轉移故上下維繫之情固以不勞而獲於

此見兵食與信有相因之理焉。此為治之常經也。
經術深沉渾灝流轉卓然大家風範。原評
將民信併入兵食內便脫却教化一層下文何以云三者竟將
教化意在兵食外補出又非之矣字一直說下之神故自潛蹤
後合併縫解文乃經營委至神貌兩得氣質蒼渾亦足頡頏豪
諸。何畢勳
本節語自渾成到下節方自子貢析為三耳文于語脉順逆合
節。士從分際灼見指歸不傷破析雖深古尚邁維節而以疎宕
得其蒼渾故自拔俗離群。

足食足兵民信之矣

江南劉宗師科考　吳寧諤
山陽縣學一名

政有常經，其所以為民者備矣。夫食與兵，民之命也，化焉而教化可興，則民信亦因之矣。予故為之備舉其經乎。且夫為政者雖經濟而言仁義，則仁義亦屬迂談；舍禮讓而事富強，則富強要歸雜霸。故古之善為政者，有各盡之道焉，有相因之理焉。要使有所恃以自固，有所要以可久，而政之經無不舉矣。何則？政以為民也，民貧不可以兵，民弱不可以守。上雖欲移風易俗，進斯民於三代之隆，而皇然於民之愚且不可以終日，則食與兵烏可不早計哉？今于天下非小弱也，食可以足而兵可以衛也。大周之世，比戶豐盈士民材武不得謂君子不計時而儒者不言兵也惟在上有以足（而足字著力）之耳誠使九職任而下無游惰之民九式節而上無非分之耗大司徒之所掌無非闢其源而節其流焉歲之豐歉雖不同而國與民無不足也寓蒐苗獮狩之時詰戎兵於井邑郊甸之內大司馬之所掌無非振其弱而生其氣焉事之變故不可知而戰（一滾說）與守無不足也王者之政其厚民生而備民衛者固如此當斯時（下氣灝瀚而骨遒勁）也沃土之民當思向義而有勇之後可進知方始也三物有訓八刑有糾王者之教原不緩於務農講武之後祈年而陳疾苦出車（百折以銷）而恤憂勞王者之化即在於重農修備之中特向者民生未遂武

足食足兵民信之矣

呂葆中　無党

政有常經兵食足而信可裁也夫民政之本也然必兵食足而後可裁其信焉則為政者可不知所常務乎且夫善為政者得尺寸之柄而圖之其斟國經野之方不必為奇計而敦龐純固之業自必無近功賜乎吾今以語汝矣夫政以為民也古之為民者外顧今之為民者内顧食足故外顧也食不足故内顧也外顧者思禮義而内顧者思飢寒若之何不食足謀也古之為國者廪有三餘人皆四[illegible]食非加多也而其足之則必有道也抑古之為民者内顧今之為民者小顧兵足故内顧也兵不足故外顧也内顧者思文教而外顧者

懷若之何不兵是討也古之為國者出而治兵入而振旅兵非力
也而其足之又必有具也夫然而因蒐獮以教之齊因田獵以御之
忠愛皆本乎人情故上非難明而易知也如是曰孝如是曰忠得
之則榮失之則辱聖人率天下以去辱而就榮而天下不曰聖人誘
我則其民誠可榮可辱而不可使之貳也夫然而因飲食以示之禮
因蒐獮以示之義禮義皆由於天性故上非飾貌而逆情也如是為
禮如是為義由之則生舍之則殺聖人教天下以好生而惡殺而天
下又不曰聖人欺我則其民誠可生可殺而不可使之疑也信矣乎
曰信之矣登其朝而司馬主戎冢宰制用國家自是無陰陽人事之

惠而其時之百姓則勿知入其野而民敦商戇女憧婦悾天下自是
皆奔弟力田之人而其時之君相亦勿預此政之經也善為國者得
吾說而存之其亦可哉於理欤

是兩件側注又是三件平列兵食句是就作用說却有效驗民信
句是就效驗說却有作用語意極分明語氣極融渾覺先輩名墨
無此了當

足食　呂

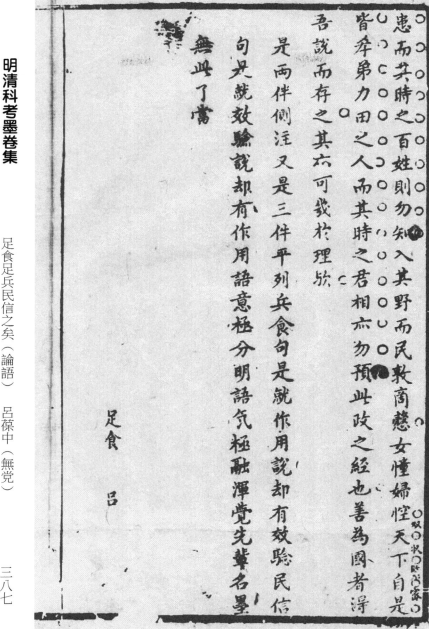

足兵民信　去兵　　汪琬

政莫重于兵雖足而後可去也蓋兵宜足不宜去然而若非足也又安有可去之兵哉故兵者政之大利大害所在也天下之慮莫甚乎知安而不知危能講足不能勤苟非預為之備則其後將有不可救者遠危動已見始而待不議夫而無策之士顧爭以兵之說進所由害多于利也（原評：以一語千慮括全題）若夫子與子貢言政豈徒曰足食已哉有食無兵則是齎盜以糧也則是分兵農而二之也抑知其有去一不可者蒐軍實明武備而後器械可利簡少壯汰冗弱而後士卒可精若是者兵足矣以兵之足合于食之足而民其無憂矣乎然而為政者猶有憂焉（原評：簡當）

本朝歷科小題文選　論語　乙未

使其皆處于不足吾見枵腹之民必易于倡亂則民將弄兵即使其
皆處于足吾已飽居之民尤易于生心則兵又將與民為难也雖然
○原評落句兵千然然○原評看此段作二
無憂也以兵之足合于食之足而信可恃矣是故無事則耕作有事
○東文高雅深
則擊刺緩則藏兵于閭井之中急則出兵于師旅之列以食致兵即
以兵衛食以民為兵更以兵衛民則食在而宿飽之士皆兵也信在
而無形之甲冑亦皆兵也于是露積既多礼義後作凡所為兵者儲
○謹入去兵藏夫問答果痕
百年之備而未嘗需一日之用又安有不得已者以總之然設兵哉
而夫子先因去兵亦甚與足之說相恃矣雖然兵者不便于食者兵
多則食愈竭去之而冗食可省也兵又有不便于民者兵驕則民愈

若去之而亂民可驗也且也便其民儲崇墉之粟以為根本主伯亞旅之衆以為仁鼓孝弟廉恥之氣以為干城去兵亦不更足哉然則不足兵者固未可與言去兵也

原手脫擲金聲

題以兵為主食與民信俱是賓既擱去足食向則食又是賓中賓民信又爲賓中主聯絡極巧而斟酌極當妙合自然 原評

議論全以兵爲主看他上畔足食中帶民信一氣鼓鑄鑪錘之功真不遺餘力尤高在中間一段嚴緊中仍有排宕之勢他手為之過偪窘矣

[足食]足兵民信 去兵 汪琬

足兵民信　去兵

順治乙未　汪琬

政莫重於兵。惟足而後可去也。蓋兵宜足不宜去。然而苟非足也。又安有可去之兵哉。且兵者政之大利大害所在也。天下之慮莫甚乎知安而不知危。能靜而不能動。苟非豫為之備。則其後將有不可救者。逮危動已見。勢不得不議汰而無策之上。顧爭以兵之說進。所由害多于利也。昔夫子與子貢言政。豈徒曰足食已哉。有食無兵。則是齎盜以糧也。則是分兵農而二之也。抑知其有去一不可者。蒐軍實明武備而後器械可利。簡少壯汰冗弱而後士卒可精。若是者兵足矣。以兵之足合於食之足。而民其無憂矣乎。然

原評：以議論建[illegible]括全題。

伏下。自然。

此幹補足食。原評。黃。

而為阱者猶有憂焉倘其皆處于不足吾見枵腹之民必易于偈
帶上食字翻信字
則民將兵兵即使其皆處于足吾見逸居之民尤易于生心則
原評落句賓主扶然
士卒之將與民為難也雖然無憂也以兵之足合于食之足而信可
原評有此段作一來文氣雄渾
寓兵故無事則耕作有事則擊刺緩則藏兵于閭井之中急則
以兵作兵事入食信
寓兵于師旅之列以食致兵即以兵衛食以民為兵更以兵衛民
則食在而宿飽之士皆兵也信在而無形之甲冑亦皆兵也於是
露積既多禮義復作凡所為兵者儲百年之備而未嘗需一日之
注兵落入去兵威具閒答無痕
用又安有不得已者以鰓鰓然議去哉而夫子先曰去兵亦甚與
步步串入食信
斥之說相悖矣雖然兵有不便於食者兵多則食愈竭去之而冗

食可省也兵又有不便于民者兵驕則民愈苦去之而亂民可驗也。原評。兜轉全題。且也使其民儲崇墉之粟以為糧率主伯亞旅之衆以為伍鼓孝弟廉恥之氣以為干城去兵兵不更足哉。繳轉首句。然則不足兵者固未可與言去兵也

題以兵為主食與民信俱是賓既欲去足食句則食又是賓中賓民信又是賓中主聯絡極巧而斟酌極當妙合自然　原評

議論全以兵為主看他上幹足食中帶民信一氣鼓鑄鑪錘之功真不遺餘力尤高在中間一段嚴緊中仍有排宕之勢他手為之遂幅窘矣　吳荆山

足兵民

小題文範

作長搭題。須分清賓主。而幹補串合之法。乃從此生。觀此文及
原評可見。中間頓鎖足兵。直趨去兵。聯合食信。駕過子貢一問。
中仍有波瀾議論。尤為才法兼勝。

足食足兵民信之矣　　汪士鋐

政舉其全有相因而致者焉夫兵食足而民信政之全也然其間有相因而致者此夫子為子貢道其常與且論政而必本于王道鮮不疑其迂而寡效者不知王者黜功利之謀而未嘗不收富強之實也王者無要結之私而未嘗不致尊親之戴也經國者得其道而次第行之其效遂有相因而各著者盖今之言政者或爲因本之謀則曰風俗醇而人心厚或爲救時之務則曰倉廩實而兵卒強其說皆似也然而一則意專在民信而以兵食為末務一則意專在兵食而以民信為迂圖是徒恃其所見之偏而未得乎經

國之常道也吾以為國無食則民饑國無兵則民危而民不信則國亂此固為政之全而闕一不可者而正恐其逆而施之則不知有相及之宜也而又恐其分而圖之則不知有相因之序也是故為政之道一在足食足食者民之命也如求其足而急之以征斂重之以賦稅徒浚民之生以自供而食仍未必足也其要則在藏富于民而已盡其力于田疇不遺自然之利于天地酌其經于日用不耗無益之財于民閒上未嘗下徵求之令而公私可以有餘食如是足矣一在足兵足兵者民之衛也如求其足而滋其冗冒縻其帑廩徒竭民之力以為養而兵究未必足也其要則在寓兵于農

精論

上二項八句亦八民字叙論亦極精當

而已隱聯之以伍兩卒旅而鄉遂之內皋可為軍題習之于步伐
止齊而耕鑿之餘皆能習戰上不閒養無用之卒而緩急恃以無
恐兵如是足矣夫而後乃可得而期之曰民信之矣蓋飲取之什
一保介無擾畝之洛力養之三時司馬無妨農之役則所為義以
原批　紋論數暢無意不到
蘊之恩以結之者其事固在足食足兵之外井田之制中公外私
足以明義治矣之法振旅飲至足以明禮則所為使愛其君使敬
暢所欲言民信句落定上二
坿說
其上者其事又在足食足兵之中況乎食以恤民生也兵以扞民
急也民既倚之為命足食非為濫用也足兵非為瀆武也民又服
于其心斯時之民有不歡然以相接而肫然其不二者哉夫衰世

之政未嘗不以兵食為先然而思足食則衆人嗟杼柚之空思足兵則揭水致流蕭之嘆其為政之實在于聚師徒廣蓄積而不惜民勞故怨苦咨嗟即起于講衆備武之且盛王之政亦未嘗不以興食為務然而食既足則同井致公田之祝兵既足則出車忘王事之勞其立政之實在于愛民力節民勞而深思本計故忠孝激發不啻得之漸仁摩義之餘故得其要而圖之則政之全者可舉也

議論都從歐蘇策制中得來真為通達國体之言俾日為舉于業者此學究眼孔也

足食足兵　　汪師韓

政在足國食與兵其大端矣夫食者民之天兵者國之備足食足兵爲政有長計與嘗聞之惟事事乃其有備有備無患爲政而不知大體穀人力耕不足糧饟武人亟動不足衛扞果操何道以任萬民而平邦國也故政在食亦在兵先王念中饑大饑之實多捐

字字沉著精細然并大節要意亦動

瘠而損上益下無畯民以自封先王念侵田侵地之爰及干戈而設縣立官務養兵而弗試維食與兵而區區求足云爾哉迺或者之舟之相繼也向徒之不設也弱國則難爲足也一旦稼穡痒兵

二意題所恒有

雖縱說卑樂異采

甲頓農奪之餉而士遺之禽失豈知恪守典常者利天下不言壽

天下元必其道在政不在民可知農戰為上策若夫壞徑畧而斷壟闢也棄餘曲而趨簡直也強國且自云足也其究田里鄉什伍變內民既侵凌刼假而不平外鄰更鬱怒積怨而莫解夫豈知遵行王制者就緒者三事張皇者六師其事可靜亦可動要之強富無奇功顧猶有說焉稅所以足食也而卒盡予畝則守不固戰不克者有之吾觀師之取乎地水也繕具當器械而銚耨自別功沽耕農當戰攻而推引即分蹤數似耕穫之克勤不待斂干而斂甲抑知居亦能聯其家出必不能聯其人也惟比閭而識、蔟舍之服容省耕省斂仍無忘武功而遂以收干城腹心之選賦所以足兵

馳騁古今

真發力更大神更足其次如

鯨其高如海

也。而民無藏蓋財仰不事俯不畜者有之。吾觀武之講於農隙也。政官致亡以穡田而依然治秀實之義。（讀書得間）天子命帥以角力而仍此勞休息之人似除器之必戒。不徒貴粟與重農抑知征行屬於司（強對）馬籍則具於司徒也。惟蒐狩而除害稼之禽獸，餘皆簡徒不舍我（此是王面實条涤除采）穡事而因以峙芻茭糗糧之多，總之民可百年無貨不可一朝有（犂）饑也。（裴回也）兵可千日不用不可一日不備也。蓄積蕃而守衛設此先王制土處民為國立武之大略矣。大化可成禮讓可興斯烘而竢之耳。

寓兵於農人所共曉交證互發涉筆雷同但解胥抄周禮便人

人可登作者之堂耶。此文竝格不異於人。而搜索處乃俱他人尋味之所不到。兩足字精神傾其瀝液矣。葉容水先生

中權後勁。翻空出奇。正意只結處数語括盡。故文極揚詡。而不嫌於實。桑伊佐先生

淮南聚辭。管子聚意。粹羽錯色。純玉間聲。手筆稱冠矣。胡寅若

字徵實。筆處靈。離合變化。煥其炳兮。被龍文何守之

不為策略習氣。宗經緯聖。譜勢乃崛岉乎青雲。挹朴叔

醞釀深厚。筆有堅光。區徹隮翻浮藻。重闇叔父

足食足

足食足兵民信之矣（論語）　沈慶曾

足食足兵民信之矣

沈慶曾

民生遂而民心結政之常經立矣夫兵食與信缺一焉不可以爲政足者在此而信之者因以出焉豈非處常之善經哉今夫國家之寔用蓄于閭閻而百姓之隱情輸于天子則可謂真太平矣太平之朝無弱政知富强非權霸之謀太平之世無叛民知仁義非迂疎之論舉其粗而精者亦出焉王道所以久安而長治也乎問政亦知政之所恃在民乎今將責民以既富方穀之誼同爾其相親相愛貨力弗私焉庸詎知朝而饔夕而飧者之敖敖焉而亦有以給也則食爲可不識足也且夫食固民之天耳取財于造化弗厭其奢也而民願常

康侯務書商

論語

儉足之者有官小府海之經焉用財于人事弗嫌其儉也而民頗常

豢足之者有耕九餘三之制焉我國家幸當無事內無水旱之災傷（不得已有意無意）

茲豫積外無兵戎之需妨厥農功猶然下貽羞藏上虛倉廩一旦有

急其何以濟甚矣足之之急也夫足以他務未遑而汲汲焉謀足食

令將責民以干城吾道之風同爾其不伐不爭雍容儒雅焉庸詎知

出而坐入而守者之懼懼焉而來有以禦也則兵惡可不議足也且（正而精覈）

夫兵固民之衛耳蒐苗獮狩四時寓足之形也故獻豜私豵之下有

武功焉田賦出車三單成足之象也故耰鋤𥽟穮之夫皆將士焉我

國家幸際承平而學士大夫口不談兵華里巷衆聚手不習弓矢莫

不出入從容樂餉清暑設有命率其護應之甚矣足之之要也夫足
以百爲來暇而皇士爲計足矣兼食矣足兵矣可以已也而崇俎豆
此中肯綮化板却不板者二句
也今將聽民爲擁貫賈勇之徒曰闢草萊築室聚會罷無藝譽爲膚訴
知粟支十年帶甲百萬者之談士焉而未可挽命也則民狃焉可不
議信也且夫信固兵食之本耳前此烝髦士于中田養射夫于庠序
一補法又不粘自然讀之氣妙
哉之教民以信者原並行于車蒐講武之中焉今此躋公堂而酌兕
觥袍澤而修矛民之報我以信者即盡見于力穡稱干之日爲我國
家遂逢景運而良農負耒歌駿發而咨雨公壯士投戈歌詩書而說
禮樂亦既諭之若腹心運之如臂指以此濟變誰惑當之甚矣信之

康侯學書商　論語

之敎也。乃今統計始終而欣欣然慰曰足食足兵民信之矣。此政之常經也

華歆墨舞。已極行文樂境。。兵食信。既照下文還他三件。乃信字

又從上兩足字生却。又不專靠他兵食道理骨件融液自爾綠

又和陶菴先生作未之能過。

足食足　泥

足

本學課第一名　林學龍　聲岱

文獻之足、聖人有厚望焉、蓋文獻莫足于夫子、何必向杞宋而求足、該一足之想、亦望天下之深心也、夫子若曰、天下事無剝而不
顯○爲○已○彼○命○意○睇○然
復之理、制可改而道固不易也、道如故則制亦常新也、制作縱云遥精意終不泯、則范范千載一懸想焉、不覺志為之傾而神為之從也、已如文獻不足、果何日而足乎、昔也監夏監殷、問之文而文具在、問之獻而獻依然、昇平有象、共沐浴於光天化日之中、今何
真○睞○真○神
如也、而吾安得不於編殘者謝之外、于焉翹首而遐思于焉畢然而爲、蓋非謂今日之文獻必易而為元圭方錫之文獻也、第殘修

缺補無異於昔日則始而自傷者亦可轉而自慰非謂今日之文
獻必易而為聖敬日躋之文獻也第人存政舉無異於國初則往
者不可諫來者猶可追今使天子聖明右文率祖詔禮官而勤購
○足○字○精○義○鬱○山○開○滴○水○經○人○談
與或償以通邑或貺以重貲出彼珍藏鼓休明而追雅頌將見雲
龍猶可述郊索猶可參言夏者非獨一人言殷者非獨一人覺心
兩○義○包
心柘印風謠為之丕振宇宙為之更新斯何如景象也今使宗邦
○果○無○遺○
恩遺振興起衰修泮林而集芹藻賢者識其大不賢識其小共思
贊勷集世家而披圖籍將見士也懷古亦傳尹姞之衣冠女也悲
秋亦繪先民之忠質于杞而猶若見夏于宋而猶若見殷覺聖聖

相傳禹湯之神可接文武之政如初斯何如風氣也此文獻在人（命人神想）
本無不足之理以天之道先王之靈應亦復見於今日我生不辰
亦庶幸有此聖作而明述者則即此一足豈特典林之福而青史
之光也哉況文獻在今本有復足之機天未喪文地未墜道可知
来許之為昭杞宋當此乃不思先世之流風善政猶有如是也則
（大聖心孝若揭）
今之可足豈非儒生之憂而當事之責也哉嗟夫文獻之足實求
（無限低徊）
空言而慮堂也而足之何日足之何人悠悠我思曷其有極
文獻足者實可足也試思我周郁郁當從從周而二代具其中
豈復生今而思反古乎思二代者正思周也為周之子孫諱故

托言杞宋也且即夫子一身文獻已足況外此者亦不乏修明
志切要足便足惜當事者之無人耳文確見聖心息之深〻言
之〻亹〻直可為向來講家補所未及　原評
眼光如炬心細如髮確有至理非好自闢異說也　尤天典

足林

足兵民信　去兵　　周大璋

議政而及於兵，足與去各有時也。夫兵與食同足，雖足以致民之信。然至不得已之時，豈遂終不可去哉。聞之不備不虞，不可以師。（和口定○整○若語○）然而權其輕重，則亦未嘗無變計焉。蓋居安而弛備則玩，臨難而習師則擾。玩與擾均不可為也。夫子與子貢論政，既首以足食矣。待毋食之外，皆可去乎。獨是有食則必有爭，有爭則必有備。（以○議○論）夫兵之設久矣。（為○提○勢○）天生五材，民並用之，廢一不可，誰能去兵。苟以為克敵致果，聖人皆不得已而用之，遂欲於太平無事之日，銷鋒鑄鐻，以維萬世之安，豈聖人之於兵，必不得已時始整軍而經武哉。甚矣

兵之寔足也足則比其什伍綴葺之于田畝急致之於疆場雖穩

事會上句

鋤耨揆之民可以備干城之用足則特其簡閱事講之乎農隙束

提上賓下法

出之乎田中雖疆旅亟以之夫可以膺長子之司矣然而有食以

密說徵以古氣行之文致尤爲警拔

養兵即有兵以衛食其民皆良農也即皆精兵也由是捐軀以嘉

父兄赴難以殉長上下一心朝野雍穆雖黨庠術序之教不異

妥敘不漏書理

于此矣民之信之不必于兵足時知之無不可于兵足後驗之君

直走以古今句　一轉便利

于修此三者故全也夫孰謂兵可以獨去乎雖然兵之足正非一

去游掃苗

日事也蓋必十年生聚十年教訓而後有備無患焉苟平居無警

正由平時不能足來　貧入今古信

不能討軍實而申儆之一旦四郊多壘而索如懸饑民多[illegible]仍

欲蒐乘補卒驅栲服之衆使之縮而小乘不教之小使之即干戈
其不至殘民以逞者幾何哉此予負議去夫子所以先之以兵也
蓋將當不得已之際伍兩卒旅之數不可以猝聚乘徒甲楯之用
如此議夫子方內雖文氣亦古宕
不可以猝偷蒐苗獮狩之制不可以猝復攻刺擊殺之方不可以
猝講蒐之不足者既無以補其缺後之不足者又無以救其衰計
剔酌之甚
惟是困未散之民食見在之粟纔糈十千何異公徒三萬也民無
菜色何殊師皆宿飽也然則兵雖宜足乎至此亦不得不言去矣
四纖是字
向使可以急求其足亦何至於此哉嗚呼同一兵也時值晏安人
周剴
以為可去者聖人則以為當足非黷武也不如是則食無以衛且

明墨表奇文　古論　辰奚(?)

無以致民之信也。勢處危急。人皆以為當足者。聖人反以為可去。非急備也。不如是。則食或以耕且載以妨民之信也。或足或去。豈無深意于其間哉。

足則不去。則不足。前後議若相反。而理寔貫通。須看出兵原不悖道理。方妙。至補幹食信。賓主歷然。此易事也。去兵是時勢危急。卑甲之缺者不能補。卒伍之死者不能添。來于無業。乃至此耳。非謂可以足而故去之。必能去而始足焉者也。裁冗兵汰游卒。一派癡語。何啻說夢。此文後半議論。可正群訛。　張愚齋　洗生

聯貫補幹。一氣流通。法密才高。大家手筆。　張岩舉

足食足兵　章　　金聲

聖賢論政有三而復商不得已之去也夫政之經則兵食信並舉不得已而去兵去食信必長存此可以觀聖賢之作用矣今夫仁義之說作養之名此太平無事之所處堂而談也愚學之士以韜鈐識所亦必建兵效而鑑場之役取盈之術此時勢急之所苟且而國之市儈之才以徼近功而不復顧國脈夫當其常有必周之擘畫不急其危當其變有自然之幾宜不失其正此真天下才可奉以為政矣

兩路典提方見說上飾便有必不到不得見說下

原有金理在艾評云有他筋意脛重処

如與陳龍刑論事

不關才事

說在夫子之語子貢也其論政始曰足食繼曰足兵終曰民信國家之兵籍糜歳不告虛於邊境費約之歳而皇皇乎憂貧似廷國旅之

乎備武似多事不知政之長計在此也民情之疑寡識服兩無是從
下宅嚮酌
朝野相安之日亦可謂ゝ焉獨得民之術參ゝ可負撫御之才不出
如此育是二是三之字乃見
政之實驗必在民信也盖三者在得為之會不惟不相礙兼可以捐
直落快便
濟自當蚤計遍定計焉而先設為不得已之計兵妨食ゝ妨兵ゝ食妨
宗雖智者不能備其三則權計者或以兵為扼要之事以亂國用民
原卻全用倒法
點逆如龍飛無迹
外可以因糧于敵內可以令行禁止耳而聖人反曰去兵矣再設為
不得已之計食能爽信ゝ則無食雖善謀不能兩其全則權計ゝ疾
信如ゝ舊食如實理財之計原持大籌守正之迂上斥遠地弄而聖
人ゝ曰去食矣夫去兵之說以烏合之不如無靡餉之反毒民也即

不然亦論安危之形未甚逼人也食則生死之關無待再計而聖（下二句發盡食字神出其法極密）人去之說曰自古皆有死民無信不立豈責人以難堪之死而儀（宕起論法能分勢）以無形之立爲此不近情之策哉危急存亡之秋此畏死偷生之心（固衆所亡之故）（下禁無滓淤而道之）乖足誤國家之大事即苟延旦夕之命而國維已破無端之毒害旋即見於事後惟生死呼吸之際以挺特不易之節坐繫萬民之萌糵（惟先）雖城破身亡之餘而民心未去君父之義情可係轉於崇朝君子之（二真不食其言）（急緣出大）不以流離顛沛失其正以寡廉鮮恥辱其國大類如此而要其居乎（肓）（直指亡國諸名公）綢繆至矣防維周矣不敢以美談誤人不敢以迂緩待事豈待不得已日始倉皇爲不得已計哉不於不得已之下見聖賢之奇耳

金正希稿　下論　足食足　上節　越中

自古豈有足食足兵民信之朝去至於不得已而去兵去食者哉
由夫子之說夏商周至今存可也子貢言其次而夫子終不以苟
且衰世之法窮兵食以去信亦言其理而已非言其事也正希與
又前半正說後半權說皆得體文之典贍堅厚又不必言○古博
淵茂國朝有數文字　艾千子
是聖賢打穿後壁商量子貢直窮到極奇變處看聖人用處如何○
聖人應奇變却越庸常若見得庸常中聖人已無奇不盡無變不
通若粘死句下則聖賢竟是腐頭巾說大呆話矣全身在文意外
盤之氣脈皆靈變有神須識其通體大勢側起滅只是一氣到底

足食足兵　二句　　金德嘉

政有常經列言之而備也夫兵食足而民信而國乃可為也此下
政之常經哉且夫為政者攬天下之大勢必有以質定其經制國
天下之大本必有以深入乎人心經制詳于上人心浹于下而帝（文品端潔）
王恒久之道不外乎此矣子問政乎政以制治而保邦其道貴乎
登版國家晏安無事而司馬司農之氣當使其寬然而有餘政以（須○兵○食）
安下而合上其治切乎身心朝廷休養無為而在朝在野之心當
使之隱然而罔間是政政之及于天下經綸條貫無所不具而大
端可約舉也一曰足食天地不言所利嘗待君相之開成八政所

以先食也自用賦增於我魯而食以不足聞焉厚生之謂何若夫務農積粟而陰陽水大天行不能為災則先王井牧之政也一曰足兵山川雖云設險常需籌鎮之區畫五材所以用兵也自召募始于極文而兵以不足聞焉周圍之謂何若夫容民畜衆而徵發期會閭左不見其擾則先王丘甸之政也夫民也生當盛世樸者体無私財勇者無私力相養相衛已成風俗之美而況乎上之德禮教化涵濡陶淑之深也斯是質夫荷戈一舉念而有生成之感是必天懷中發而非緣飾之具文力穡從王一舉事而有君父之思是以至誠感孚而非要結之權術所以遐邇一體虞詐不生建久

合註意極得然後字也字神理

安之勢成長治之業者惟恃此樂為上用之民心而當其政之既洽豈必汲汲焉求信于民而民固已信之矣蓋王道不言富強而生聚教訓能合兆民之愛戴以衛社稷王心不狃晏樂而疆里蒐狩能致庶民之尊親以固苞桑政修此王者天下安有不可為之日哉

渾洽如繡

渾雅名貴上句不作策士語下句能與群籍合覺書卷之氣流溢楮墨間

第十四册　卷四十二

○○足食足兵民信之矣

胡宗緒

聖人之論政者與民持久之道也夫食與兵既足而民之信也者即在于此豈非持久之道乎且夫民者國所與立也故先王之政無事不為民籌之乃吾以為有綱要存焉民之所以賴乎君者二君之所以收乎民者一今夫民之生也有口體必有以自養無爪才必假物而用此兵食之所由來也顧民不能自足故曰賴乎君者也民之奉君也有彝性固所以自盡而大義亦足以相扶持此所以可恃也顧信與不信不能強之于彼故曰收乎民者也天知其賴乎君而急圖之知其收乎民而徐俟之是故有致焉為之制

開架

古節

方是足那兵食人便說成兵食足矣

田里教樹畜以均之為之薄征時使以恤之為之制三十年之通以裕之故有年有四鏞之食而無年有委積之食而可無憂菜色矣為之修伍兩之制馬為之簡車徒卒乘馬為之教坐作進退疾徐疏數之節馬故內有六鄉六遂都鄙之兵外有方伯連帥之兵而可無憂烽警矣若是而天下之民情亦大可見也已蓋井田之

在兵食前教化

制軍政與學校皆在于其中領食與兵其所急焉而亦未嘗不示

兵食中教化

之以養老賓客祭祀軍旅之禮而特未嘗詔之曰廣我信我而固已知其民信之矣乃翕然其有所皷而奮也謂君嘗未一事之欺乎我而肫然其無所結而不可解也謂我何忍一念之欺乎昔蓋

精氣融結渾乎古文

其所以賴乎君者亦既謀及其身家而憂樂之相關而無所不至
是故其所以收乎民者抑亦如身之使臂指不言而自喻而何從
有可疑此王政自然之明效大驗也用是觀之則後世之所以講
富強而寶信者豈真有為民者哉亦豈復有食與兵與信哉蓋嘗
其足食足兵信民時早已去食去兵無信也意

簡淨無支剩語精核處有一部周禮在裡　戴田有
襲恭嘗過南山與余論古今文章之變謂為文如造物者之造
物首尾腹腸純是一片元氣結成物無大小莫不有生意焉與
刻木而虎無寧有生氣而鼠也今之文大抵生意槁而元氣餒

者也。節節而為之。葉葉而累之。此所以槁與餓也。將是說以讀纂黍之文。凡大篇小幅。有以知其用意之所在矣。 方漢良

足食足

足食

姚昌時

食期於足準乎人情者也夫不食則飢人情也有以足之人情在是王政在是矣蓋聞盛滿之朝貧者不貧於口腹空虛之世富者不富於饔飧知貧富之間運會為之不盡運會為之也縮裕之府自上尸之與其縮也毋寧使人謂上上實裕我而謂上縮我以生乎賜問政

假仆忽作蛟龍僵

豈城倒氣沖霄而上

耶三農之職未殫彼蒼則擁其儲以窘人間之藏廩麥廩禾非關之萬姓何以司農持籌曰無歲六府之精既剖林總則櫟其劵以奪天

傳語工緒

地之權滿車滿篝非得之兩間何以太史秉筆曰有年是食也而可坐視其不足乎則食也而可不力致其足乎讀碩鼠而知魏政貪殘

錄萇楚而知檜賦煩重萊色堪傷詩繪其景矣政期於畯爾田也
生氣全涌適文正背
齊剝地其咨嗷嗷不護為氣化之陳直咨為經綸之薄而坐食用勤
浮食用省冗食用汰問有士嗟農嘆仰屋而號不克於藜藿者稀矣
告蒼天而室交徧謫歌黃鳥而邦莫肯穀鳩形堪悼詩傳其象矣政
期於宅爾宅也井養節貞自上下下不侈為騶虞之私直引為飢渴
如山東父老課農桑第一言之皆着實
之圖而游食用禁蠶食用為濫食用儆問有婦泣子啼入室而吁不
老而流露下意活現
給于井斗者微矣一郎曰水運有常旱運有王爾日陰陽互亢豈盡無
不足之食不知災祲儻來皆非不幸惟日舉以樂乃以見咨救之遠
猷一郎曰叔世秉圭季世抵壁當年蝗螽蝥見豈盡皆必足之食不知

飢荒偶有未為非常惟膳祭以饑乃以徵富衆之良策或者謂含哺

如懸磬消壁直下萬似

風微縱帝王無以開天下之先也於是惠心以足之惠政以足之風

則五雨則十待食者其登祇席哉所以水毀木飢勢屬難為而壽弁

掩映朗然長庚孤月

釋養情屬應得又或者謂凋瘵形見縱神明無以善天下之後也於

絶對

是劉祖以足之輕徭以足之耕其九餘其三仰食者其繫芭桑哉所

以金生粟死禍不止貧而火耕水耨福不止富夷考八政之疇食先

於貨亦越九職之序虞後于農其以是歟更進而足兵民信而政全

矣

徒作門面話而以致富奇書抄撮了事曷當乎語ゝ經濟直可坐

姚捷丹稿

而言起而行者大異經生常談蔡芳三

是足食說作足民便不是說作不可勝食更不是然不接下去食

鑄意猶是顧子失毋也知老手固不猶人李惠時